Mix it – love it!

Katie & Giancarlo Caldesi

Mix it – love it!

In 120 Salaten um die Welt

Fotos von Helen Cathcart

Hölker Verlag

Für Manjula. Danke für die wundervollen Jahre und viel Erfolg für die Zukunft.

Die Originalausgabe mit dem Titel *Around the World in Salads* ist 2016 bei Kyle Books in englischer Sprache erschienen.

Text © Katie und Giancarlo Caldesi
Fotografie © Helen Cathcart
Design © Kyle Books

5 4 3 2 1 21 20 19 18 17
978-3-88117-131-1

Übersetzung: Cornelia Panzacchi
Redaktion: Lisa Frischemeier
Lektorat: Christin Geweke
Satz: typocepta, Köln
© 2017 Hölker Verlag in der Coppenrath Verlag GmbH und Co. KG,
Hafenweg 30, 48155 Münster, Germany
Alle Rechte vorbehalten, auch auszugsweise

www.hoelker-verlag.de

Bei den Rezepten verwendete Abkürzungen:

 – glutenfrei

 – laktosefrei

 – vegetarisch

 – vegan

Inhalt

Einleitung	6
Salatdressings	18
1 Frisch in den Tag	22
2 Leichte Vorspeisen	36
3 Salate mit Fleisch & Geflügel	64
4 Salate mit Fisch & Meeresfrüchten	94
5 Salate aus dem Garten	118
6 Einfache kleine Beilagen	150
7 Fruchtige Desserts	190
Register	205
Dank	208

Einleitung

Ich habe Salate schon immer gerne gegessen. Ich mag den knackigen Biss von frischem Gemüse, das Zusammenspiel der Farben und die pikante Würze und Säure der Soßen. Salate sind wahre Energiespender, ohne dass nach dem Essen ein Gefühl von Übersättigung und Müdigkeit aufkommt. Mein Mann Giancarlo dagegen war früher eher der Pasta-Typ, bis er eines Tages erfuhr, dass er an Diabetes erkrankt war. Er musste abnehmen, auf Zucker verzichten und weniger Kohlenhydrate zu sich nehmen. Das bedeutete: weniger Nudeln, ungesüßten Cappuccino und den Verzicht auf Kekse und Kuchen. Nur ein paar Wochen später stellte sich heraus, dass der Arme auch kein Gluten vertrug. Nun musste er komplett auf herkömmliche Pasta, Brote und Pizza verzichten – all die Nahrungsmittel, die traditionell aufgewachsene Italiener so lieben. Doch Salate und Gemüse konnte er essen, so viel er wollte.

Nach ein paar weiteren Monaten entdeckten wir, dass unser Sohn Giorgio ebenfalls glutenintolerant war. Er litt häufig unter Kopfschmerzen und Migräneanfällen und war an manchen Tagen morgens so müde und schwach, dass er gar nicht aufstehen wollte. So entwickelten wir uns zu einer weitgehend glutenfreien Familie, und Gemüse spielt seitdem in unserer Ernährung eine Schlüsselrolle. Wir ziehen viele Sorten im eigenen Garten und bevorzugen beim Einkaufen regionale und biologisch angebaute Produkte.

Salate sind frisch, reich an Nährstoffen, enthalten meist wenig Zucker und sind oft glutenfrei. Dieses Buch, das sich an unserem neuen Ernährungsstil orientiert, folgt der 90/10-Regel: Zu 90 Prozent essen wir gesunde Lebensmittel und frisch zubereitete Gerichte, und zu 10 Prozent gönnen wir uns auch mal kalorienreichere Mahlzeiten. Wir essen in rauen Mengen Gemüse, dazu gutes Fleisch und guten Fisch, Vollkornprodukte und möglichst wenig Zucker. Wenn wir Kohlenhydrate zu uns nehmen – in Form von Nudeln, Kartoffeln, Getreide oder süßen Sachen wie frischem oder getrocknetem Obst –, dann nur zusammen mit Eiweiß oder Fett, damit der Blutzuckerspiegel nicht allzu abrupt ansteigt.

Im Grunde entspricht dies der Ernährungsweise, mit der Giancarlo in der Toskana aufwuchs. Bei ihm zu Hause gab es kleine Portionen Nudeln mit Soße, Fleisch wurde immer von reichlich Gemüse begleitet und Salat aus dem eigenen Garten mit Brot und Käse serviert. Alle in seiner Familie waren schlank und gesund. Erst später in Großbritannien gewöhnte Giancarlo sich an, größere Mengen an Pasta zu essen, den ganzen Tag über Kaffee mit Milch zu trinken und sich zwischendurch süßes Obst und Kekse zu gönnen. Doch plötzlich vertrug er all das nicht mehr, und ich musste ihn und die Kinder dazu bringen, sich stärker auf Gemüse und Salate einzulassen.

Gemeinsam entdeckten wir dafür neue Zubereitungsarten aus aller Welt. Wir reisten nach Südostasien, Marokko, Italien und in die USA und arbeiteten mit Profiköchen aus den unterschiedlichsten Ländern wie Indien, Nepal, Sri Lanka, Kambodscha, China, Japan, Frankreich, Kuwait, Griechenland, Korea und Peru zusammen. Wir wollten uns mit neuen, uns bis dahin völlig unbekannten Zutaten für Salatsoßen, Marinaden und Würzmischungen vertraut machen. Und wir lernten, Gemüse ganz anders als gewohnt zu schneiden. Inzwischen wissen wir auch, wie wichtig das Anrichten und Garnieren ist, wie man verschiedene Konsistenzen kombinieren und Süße und Säure ausgleichen kann.

Unsere Reisen erweiterten unseren kulinarischen Horizont. Wir ließen uns von anderen Kochkulturen und von genialen Köchen inspirieren. Viele von ihnen verrieten uns großzügig ihre Rezepte.

Giancarlo und ich führen mit großer Begeisterung sowohl eine Kochschule als auch ein Restaurant. Mit diesem Buch wollen wir zeigen, wie leicht es ist, auch aus nicht ganz alltäglichen Zutaten schmackhafte und gesunde Gerichte zuzubereiten, die noch dazu eine wahre Augenweide sind.

Was ist ein Salat?

Das Wort »Salat« stammt vom lateinischen *herba salata* ab, das gesalzenes Kraut bedeutet. Der römische Geschichtsschreiber Plinius berichtete einst einem Freund von einem Salat, der mit Schnee kühl gehalten worden war, und tadelte ihn dann, weil er sich zu sehr mit jungen Tänzerinnen beschäftigte, anstatt sich für die erstaunliche Methode der Salatkonservierung zu interessieren.

Der italienische Gärtner und Autor Castelvetro empörte sich bereits im 17. Jahrhundert über die Essgewohnheiten der Engländer. Er schrieb extra ein Buch, um sie von der Wichtigkeit des Salatessens zu überzeugen und sie dazu zu bringen, die in ihrem Land in so großer Vielfalt wachsenden Kräuter sinnvoll zu nutzen. Die Geschichte wiederholt sich stets, und so lernten wir in New York den neuen Trend kennen, Gemüse vollständig zu verwerten. Bisher oftmals weggeworfene Teile wie Möhrengrün, Rote-Bete-Blätter und Brokkolistängel sind nicht nur voller gesunder Nährstoffe, sie bereichern Salate auch um ungewohnte Texturen; gute Beispiele sind das knusprige Topping mit Möhrengrün (S. 181) und der Salat aus Rote-Bete-Blättern (S. 130).

Das Wort »Salat« kann viele unterschiedliche Bedeutungen haben. Manche denken ausschließlich an kalte Küche, wenn sie es hören. Dabei kann ein Salat genauso gut warm zubereitet werden und nicht nur aus klein geschnittenen Zutaten, sondern auch aus einem ganzen Salatkopf oder anderem unzerkleinerten Gemüse bestehen. Und müssen Salate immer Blätter oder Rohes enthalten? Eigentlich nicht, denn es gibt auch viele Salate aus gekochtem Gemüse mit den verschiedensten Dips, die einem klassischen Salat mit Vinaigrette nicht unähnlich sind. Unsere Definition von Salaten bezieht sich auf Gerichte mit überwiegendem Gemüseanteil, denen als Eiweißquelle Fleisch, Fisch, Tofu oder Bohnen hinzugefügt werden können und die mit einer Vinaigrette oder einem Dressing serviert werden.

Was macht einen guten Salat aus?

Am Anfang steht immer die Wahl der Zutaten: Was findet sich im Kühlschrank und muss verbraucht werden? Was hat gerade Saison? Knackige Möhren und frische Salatblätter brauchen nicht mehr als eine gute Salatsoße. Aber auch, was schon seit ein paar Tagen im Gemüsefach liegt, kann einen Salat bereichern – wie nicht mehr ganz so frischer Koriander, der zu einem würzigen Chutney verarbeitet werden kann (S. 40), oder leicht angewelkte Petersilie, die in der Salsa verde (S. 91) ganz ausgezeichnet schmeckt. Egal ob Sie sich Ihre Zutaten eigens vom Baum pflücken oder aus dem Supermarktregal zusammensuchen – mit der richtigen Auswahl kommt dabei ein leckerer Salat heraus.

Konsistenz

Das ist vermutlich die wichtigste Lektion, die ich beim Schreiben dieses Buchs gelernt habe: Zutaten mit sehr unterschiedlichen Texturen machen einen Salat spannender. Aber man muss auch Ausgewogenheit herstellen – zwischen flüssigen und trockenen Komponenten genauso wie zwischen weichen und knusprigen. Salate kommen bei uns zu Hause bei so gut wie jeder Mahlzeit auf den Tisch, mal als Hauptgang, mal als Beilage. Wir reiben ein paar Möhren, würzen sie, gießen etwas Zitronensaft darüber, geben Käsespäne dazu, zupfen gebratenes Hühnerfleisch in kleine Happen und toppen alles mit bestem Olivenöl, Meersalzflocken und frisch gemahlenem schwarzem Pfeffer. Oder wir vermengen eine Handvoll weiche Salatblätter, Getreidekörner mit Biss oder gekochte Bohnen mit knusprig gerösteten Samen oder Nüssen und selbst gemachtem Dressing – und fertig! Manchmal mischen wir die Zutaten auch nicht, sondern häufen sie getrennt voneinander auf einer Servierplatte auf, damit sich jeder das nehmen kann, was er am liebsten mag. So oder so dauert es keine 20 Minuten, und das Essen steht auf dem Tisch!

Die richtige Balance – Süße und Säure

Salate und Dressings müssen geschmacklich ausgewogen sein – Säure, in Form von Essig oder Zitrusfrüchten, braucht immer ein süßes Gegengewicht. Das kann ein Apfel sein, Trockenobst oder auch Süßstoff. In Vietnam balanciert Zucker ein scharfes Zitronensaftdressing aus. Und auch in einer französischen Vinaigrette wird die Säure des Rotweinessigs durch einen Teelöffel Zucker gemildert. In Japan verwendet man zu diesem Zweck Mirin, einen süßen Reiswein. Wir haben versucht, die Mengen dieser Süßungsmittel zu reduzieren, ohne das Gleichgewicht zu stören.

Nach Möglichkeit meiden wir industriell verarbeitete Lebensmittel und greifen statt auf Zucker lieber auf Honig, Ahornsirup oder weiche getrocknete Datteln zurück. Doch auch sie enthalten genau wie brauner Rohrzucker Fruktose, treiben den Blutzuckerspiegel in die Höhe und sollten deshalb nur sparsam verwendet werden. Um das rasche Ansteigen des Blutzuckers zu verhindern, kombinieren wir diese Süßungsmittel stets mit Eiweiß oder Fett. Reismalzessig enthält z. B. keine Fruktose, besitzt aber ein sehr malziges Aroma, das den Geschmack anderer Zutaten überdecken kann. Pfirsiche, Äpfel, Orangen, Clementinen, Heidelbeeren oder Erdbeeren können einen Salat durch ihre natürliche Süße bereichern, und saure Zitrusfrüchte sorgen für eine natürliche Säure. Die süßen Salate am Ende dieses Buchs sind für besondere Gelegenheiten und nicht als Alltagsgerichte gedacht.

Beispiele für leckeren Crunch und besondere Texturen:

Zerstoßene Pfefferkörner – rosa, grün und schwarz

Frittierte Kapern

Bombay Mix (indischer Snack)

Gewürzeltes altbackenes Sauerteigbrot – daraus lassen sich leckere Croûtons zubereiten, die mit Kräutern, Zitrusfrüchten oder Knoblauch aromatisiert werden können

Knusprig frittierte Zwiebeln

Frische knackige Zwiebeln, deren Schärfe durch Einlegen in Wasser gemildert werden kann

In Scheiben geschnittene, knusprig gebratene Wurst, z. B. Chorizo, Bratwurst oder Bacon

Rauchmandeln und Nüsse – eingeweicht, geröstet, karamellisiert oder gesalzen und fein gehackt

Kürbis-, Sonnenblumenkerne und Sesamsamen – sie sollten zuerst geröstet werden, das macht sie schön knusprig und aromatisch

Gehacktes eingelegtes Gemüse wie Zwiebeln, Chilischoten, Kapern und Oliven sowie eingelegte Walnüsse

Essbare Blüten von Blumen und Kräutern

Käsespäne

Zutaten

Blattsalat und Kräuter – und wie man sie richtig behandelt

Die Auswahl an Blattsalaten ist riesig, aber wie oft schon wurde uns ein grüner Salat aus geschmacksneutralen, labbrigen Blättern vorgesetzt? Frisée und Eisbergsalat zählen nicht zu unseren Favoriten und kommen in diesem Buch nicht vor. Feldsalat sieht zwar hübsch aus, schmeckt aber häufig recht neutral. Dafür liebe ich Senfblätter, Brunnenkresse und Rucola, doch Giancarlo findet sie zu dominant – deshalb mogle ich davon jeweils nur ein paar Blätter unter. Sie sehen, über Geschmack lässt sich streiten! Finden Sie eine Mischung aus Blattsalaten, die Ihnen zusagt, und denken Sie bei der Auswahl auch an Sprossen und Kresse.

Wenn Sie Salat oder Kräuter selbst anbauen möchten: Unser Freund Paolo Arrigo, der Sämereien verkauft, rät dazu, nur solche Sorten zu wählen, die ein ähnliches Klima wie bei Ihnen zu Hause gewohnt sind. Dann können Sie sich schon jetzt darauf freuen, den Blättern beim Wachsen zuzuschauen. Als wir noch in unserer Wohnung mitten in London lebten, wurde ein alter Schreibtisch an einem sonnigen Fensterplatz kurzerhand zum Beet umfunktioniert. Man kann Salatpflanzen wirklich so gut wie überall ziehen!

Es ist so schade, wenn man Salat oder Kräuter wegwerfen muss, weil man sie nicht rechtzeitig verbraucht hat. Aber es passiert jedem von uns – es sei denn, man plant voraus. Behandeln Sie Ihre Kräuter wie Blumen, und sie werden es Ihnen danken.

Selbst gezogene Kräuter brauchen Sie nicht zu waschen, solange sie keinen Kontakt mit Pestiziden oder Tieren hatten. Doch alles Gekaufte sollte zu Hause sofort in einer Schüssel mit eiskaltem Wasser gewaschen werden. Selbst schlappe Kräuter können sich auf diese Weise regenerieren.

Salatblätter sollten stets nur trocken aufbewahrt oder zubereitet werden. Unsere Salatschleuder ist beinahe täglich im Einsatz, und weil das Schleudern so viel Spaß macht, übernehmen diese Aufgabe auch gerne unsere Kinder. Wenn Sie keine Salatschleuder oder den Platz dafür haben, geben Sie die gewaschenen Blätter auf ein sauberes Geschirrtuch, nehmen dessen Ecken zusammen und wirbeln das Bündel draußen am ausgestreckten Arm herum.

Kürzen Sie bei Kräutern alle zwei Tage die Stängel und bewahren Sie sie in einem kippsicheren Behälter mit kaltem Wasser im Kühlschrank auf, am besten in einer Papiertüte oder einem Zipbeutel, der die zarten Blättchen vor der Kühlschrankkälte schützt. Petersilie kann auch außerhalb des Kühlschranks auf ihren Einsatz warten; Basilikumblätter sind sehr empfindlich und sollten daher so lange wie möglich an der Pflanze bleiben. Minze fühlt sich auf sonnigen Fensterbrettern am wohlsten; Koriander hält sich im Kühlschrank besser als draußen. Rosmarin und Thymian brauchen im Kühlschrank nicht abgedeckt zu werden. Ein guter Platz für die Behälter mit den Kräutern ist die Kühlschranktür, denn in diesem Bereich ist es nicht allzu kalt.

Und noch ein Tipp: Reiben Sie harte Blätter wie die von Grünkohl und anderen zähen Kohlsorten vor der eigentlichen Zubereitung 5 Minuten lang zwischen den Händen. Sie werden dadurch weicher und ihre Farben frischer, weil die Zellulosestrukturen aufbrechen. Etwas Salz oder Zitrone (oder beides) unterstützt die Wirkung dieser Massage, doch es geht auch ohne.

Getreide

Getreide liefern Vitamine, Mineralstoffe, Energie und machen satt, denn sie enthalten sowohl Eiweiß als auch Kohlenhydrate. Wir ergänzen unsere Salate gerne durch kleine Mengen an Getreidekörnern, die auch bei unseren hungrigen Teenagern gut ankommen.

Am besten sind Vollkorngetreide wie Naturreis, Dinkel, Gerste, Amaranth, Grünkern, Weizen, Buchweizen, Teff und Hanfsamen, die alle besonders ballast- und nährstoffreich sind. So werden die in ihnen enthaltenen Kohlenhydrate langsamer aufgeschlossen, und es kommt zu keinem plötzlichen Blutzuckeranstieg. Es heißt, das Römische Reich sei auch deshalb so groß gewesen, weil die Legionäre mit Dinkel ernährt wurden und dadurch länger kämpfen konnten.

Samen, Kerne und Nüsse einweichen

Wenn Sie viele rohe Nüsse, Kerne und Samen essen (was ich für sehr vernünftig halte), sollten Sie diese zuerst einweichen. Im Naturzustand enthalten Samen und Nüsse Enzyme, die verhindern, dass sie in einer für ihr Gedeihen allzu trockenen Umgebung austreiben. Diese Enzyme können unser Verdauungssystem belasten und Magenschmerzen verursachen. Besonders Getreidekörner und Nüsse enthalten Phytinsäure, Goitrogene und Gerbsäuren, die auch der Aufnahme von Nährstoffen und Mineralien entgegenwirken.

Durch das Einweichen in gesalzenem oder ungesalzenem Wasser neutralisiert man nicht nur die belastenden Enzyme, sondern unterstützt auch die Bildung der für uns nützlichen Enzyme und Nährstoffe wie Vitamin B. Und man bewirkt, dass Eiweiß leichter aufgeschlossen werden kann. Außerdem schmecken eingeweichte Samen, Kerne und Nüsse auch besser. Wenn man sie sofort nach dem Einweichen verwendet, braucht man sie nicht zu trocknen, doch für eine längere Lagerung sollten sie kaum noch Feuchtigkeit enthalten, da sie sonst schimmeln. Trocknet man sie bei niedriger Temperatur, bleiben ihre wertvollen Inhaltsstoffe erhalten. Dieser Prozess wird durch die Zugabe von Salz unterstützt. Samen, die Phytinsäure in höherer Konzentration enthalten, sollten in einer sauren Lösung eingeweicht werden. Buchweizen enthält Phytase, die wiederum dabei hilft, die Phytinsäure zu beseitigen.

Weichen Sie die Samen und Nüsse in einem verschließbaren Behälter bei Zimmertemperatur in gefiltertem Wasser, dem Sie 1 Esslöffel Meersalz auf 4 Tassen Nüsse zugeben können, bis zu zwölf Stunden ein. Spülen Sie die Nüsse nach dem Herausnehmen gründlich ab, und lassen Sie sie gut abtropfen. Trocknen Sie sie in einem Dörrgerät oder auf einem Blech im Backofen bei 45 °C für 12–24 Stunden oder bis sie vollkommen trocken sind. Wenden Sie sie zwischendurch immer mal wieder, damit sie gleichmäßig trocknen, und lagern Sie sie anschließend in einem Schraubglas bei Zimmertemperatur oder im Eisfach, wo sie ihr Aroma besser bewahren.

Einweichzeiten

Kürbiskerne, Kichererbsen, schwarze Bohnen, Mungobohnen, Sesamsamen, Sonnenblumenkerne, Mandeln, Adzukibohnen, Amaranth, Wildreis, Pistazien, Haselnüsse: 8–12 Stunden | Quinoa, Walnüsse, Hirse: 4 Stunden | Gerste, Kamut, Linsen, Weizen, Buchweizen, Hafer, Pekannüsse: 6–7 Stunden | Cashewkerne, Paranüsse, Pinienkerne und Macadamianüsse: 2–6 Stunden | Leinsamen: 30 Minuten

Wenn Sie es eilig haben, können Sie die Kerne, Samen und Nüsse auch mit heißem Wasser übergießen und darin 10 Minuten ziehen lassen. Auf diese Weise zerstören Sie allerdings auch einige wertvolle Nährstoffe und Enzymhemmer.

Resteverwertung

In Form von Salaten kann man wunderbar Reste verwerten. Auf diese Weise schaffen wir es, aus etwas übrig gebliebenem Braten zwei oder drei weitere Mahlzeiten zuzubereiten. Rindfleisch kommt in einen Mexikanischen Rindfleischsalat (S. 88), Hähnchenfleisch in einen Altenglischen Hühnersalat mit Orangen & Berberitzen (S. 67) und der saftige Schinken aus dem Ofen wird zu Schinken & Sellerie mit Orangenmarmeladen-Ingwer-Dressing (S. 73) weiterverarbeitet. Aus Knochen stellen wir Brühe her, und von unserer kuwaitischen Freundin Amal haben wir gelernt, dass in Brühe gekochte Getreidekörner viel aromatischer sind, als wenn sie auf herkömmliche Weise gegart werden. Als Gärtner sind wir noch zu unerfahren, um Gemüseschwemmen gänzlich zu vermeiden. Daher verarbeiten wir den chronischen Überfluss an Zucchini zu Salaten, z. B. zu Quinoa, Zucchini & Mais (S. 185).

Essig und Öl

Bei den unzähligen Essig- und Speiseölsorten, die im Handel angeboten werden, sollte man besonders auf Qualität achten. Mit einem hochwertigen extra nativen Olivenöl ist es wie mit einem guten Champagner – es macht alles noch ein bisschen besser. Es gibt die unterschiedlichsten Sorten: Aus der Toskana kommen Öle mit kräftiger, pfeffriger Note, aus Ligurien solche mit einem feinen Grasduft. Auch spanische oder griechische Öle können je nach Anbaugebiet geschmacklich stark variieren. Weniger vielseitig, aber ebenso wohlschmeckend sind Walnuss-, Haselnuss-, Avocado- und Arganöl. Mit ihrem oft nussigen Geschmack eignen sie sich hervorragend für Salatsoßen.

Aromatisierte Öle wie Orangen-, Basilikum- oder Zitronenöl stellen wir am liebsten selbst her. Dazu legen wir einfach frische Zitrusschalen oder Kräuter über Nacht in Olivenöl ein. So hergestelltes Würzöl ist wesentlich günstiger als gekauftes und schmeckt mindestens genauso gut.

Für asiatische Gerichte verwenden wir Sesamöl, Erdnussöl und Traubenkernöl. Sie besitzen wenig oder gar keinen Eigengeschmack und eignen sich gut zum Braten oder für die Zubereitung von Salatdressings und Vinaigrettes.

Essigsorten unterscheiden sich stark durch ihren Säuregehalt. Ich rate Ihnen, den Essig immer zu probieren, bevor Sie ihn verwenden. Wenn Ihnen dabei die Luft wegbleibt, ist er sehr sauer! Ein milder Essig darf großzügig eingesetzt werden. Weinessigsorten können qualitativ sehr unterschiedlich ausfallen – meist liefert der Preis einen guten Anhaltspunkt. Interessant schmecken oft Essige aus bekannten Traubensorten wie Sauvignon oder Champagne. Sherryessig sorgt für ein vollmundiges Aroma und wird oft für spanische Gerichte verwendet.

Leichter Kochen

Was lässt sich vorbereiten?

Einfache, schnell zuzubereitende Salate macht – und isst – man auch öfter. Gewöhnen Sie sich am besten an, die doppelte Menge an Salatsoße zuzubereiten und die zweite Hälfte im Kühlschrank aufzubewahren. Das Soja-Ingwer-Dressing und das Honig-Senf-Dressing beispielsweise (S. 18 und 19) halten sich ein paar Tage frisch und können im Nu eine Schüssel voll Gemüse in eine wohlschmeckende Mahlzeit verwandeln. Keine Sorge, wenn das Olivenöl bei niedriger Temperatur fest wird: Lassen Sie es einfach vor dem Servieren Zimmertemperatur annehmen oder erwärmen Sie das Schraubglas mit der Salatsoße im Wasserbad.

Viele Salate können im Voraus zubereitet werden: Hula Pork (S. 74) eignet sich genauso gut für einen Abend mit Gästen wie die Lammschulter in Dattelkruste (S. 68). Und beide lassen Ihnen genügend Zeit für die Beilagen wie Ananas-Cashew-Reissalat (S. 74), geröstete Paprika (S. 74), Guacamole (S. 182), Taboulé (S. 68) oder Rote Bete, Möhren, Mandeln & Dill (S. 176).

Schneiden und hacken – das brauchen Sie

Wenn ich mir nur drei Küchenwerkzeuge aussuchen könnte, würde ich mich für ein scharfes Messer, eine Reibe und einen Sparschäler entscheiden. Eigentlich sollte man nach dem Schneiden jeder Zwiebel das Messer neu schleifen. Auch Reiben werden mit der Zeit stumpf. Dagegen kann man nichts tun, und deshalb sollte man sich von Zeit zu Zeit eine neue gönnen. Mit einem Sparschäler lässt sich Gemüse nicht nur schälen, sondern auch in hauchfeine Streifen schneiden.

Weitere wichtige Helfer sind ein Tomatenmesser mit gesägter Klinge für weiches Gemüse und Obst und ein Julienneschneider. Unserer stammt aus Vietnam und schneidet Gemüse in kürzester Zeit in lange Bänder. Ich liebe auch unsere Zitronenpresse. Die ist zwar nicht unentbehrlich – man kann die Zitrusfrüchte genauso gut für 10 Sekunden in die Mikrowelle legen und dann ganz leicht von Hand auspressen –, doch wenn man viel Saft braucht, macht sie sich bezahlt. Mit einer Mandoline muss man vorsichtig umgehen, sie liefert aber zuverlässig große dünn gehobelte Scheiben.

Wenn im Rezept nicht ausdrücklich steht, dass Kräuter und Blätter fein geschnitten werden, sollte man die Stängel von Hand abreißen und die Blätter in Stücke zupfen. Sie werden dann nicht so schnell braun und behalten ihren wilden Charme.

Soll man Möhren schälen oder nicht? Viele wichtige Nährstoffe liegen direkt unter der Schale und gehen durch das Schälen verloren. Andererseits können sich an der Außenseite Sand und Chemikalien ablagern. Am besten bauen Sie Ihr eigenes Gemüse an oder kaufen nach Möglichkeit Bio-Produkte.

Abb. oben (von links nach rechts): 1 große Handvoll glatte Petersilie; 1 kleine Handvoll glatte Petersilie; die entfernten Stängel; 2 EL grob gehackte Petersilie; 1 gehäufter EL fein gehackte Petersilie.

Der perfekte Salat

In unserer Kochschule haben wir einen Katalog von Fragen entwickelt, die man sich bei der Arbeit in der Küche stellen sollte. Mit der Zeit prägen sie sich ein und helfen, interessant schmeckende und schön anzusehende Salate zuzubereiten:

- Enthält der Salat unterschiedliche Texturen? Etwas Weiches, etwas, das man stärker kauen muss, etwas Knuspriges? Flüssiges und Trockenes?
- Sollte er bunter werden? Brauche ich dafür Beeren, geriebene Möhre, Tomaten oder essbare Blüten aus dem Garten?
- Sollte etwas Cremiges dazukommen, z. B. ein Dip oder ein großer Klecks griechischer Joghurt oder saure Sahne? (Etwas, das auch sättigt und dem Gemüse auf die Gabel hilft?)
- Stimmt die Balance von Süße und Säure? Dressings sollte man immer kosten, bevor man sie zum Salat gibt. Zitrone kann ein Übermaß an Salz oder Zucker ausgleichen, und Zuckeralternativen wie Ahornsirup mildern zu viel Säure.
- Kann ich alle Zutaten herausschmecken oder überdeckt ein Geschmack die anderen? Starkes sollte mit Starkem kombiniert werden, Mildes mit Mildem. Die Zutaten sind auf das Dressing oder die Vinaigrette abzustimmen und umgekehrt. Zarte Meeresfrüchte beispielsweise vertragen keine allzu dominanten Gewürze oder Knoblauch. Und Grünkohl triumphiert über ein zu schwaches Dressing.
- Brauche ich etwas Senf, Knoblauch oder Chili, damit der Salat an einem kalten Tag von innen wärmt oder um Salatzutaten mit nur wenig Eigengeschmack mehr Aroma zu geben?
- Verleiht eine Handvoll Kräuter wie Minze, Petersilie oder Koriander dem Salat mehr Pep?
- Wenn der Salat eine Hauptmahlzeit ist: Enthält er Eiweiß, Kohlenhydrate und Fett und Elemente aller Lebensmittelgruppen?
- Würzen, würzen, würzen: Habe ich an genügend Salz und Pfeffer gedacht, und zwar bei jeder einzelnen Salatkomponente? Man sollte hierfür immer feines oder grobes Meersalz verwenden und den Pfeffer in einer Mühle oder einem Mörser mahlen oder zerstoßen. Gekaufter gemahlener Pfeffer hat den Großteil seines Aromas eingebüßt.
- Ist der Salat gut durchgemischt oder befinden sich die besten Happen ganz oben? Ein guter Salat sollte in Schichten aufgebaut sein: Salatzutaten, Soße, Toppings wie Samen oder Croûtons, würzige Elemente wie Käsespäne, Chilis oder eingelegtes Gemüse, dann wieder eine Schicht Blätter usw. Auf diese Weise muss sich der Letzte, der sich aus der Schüssel bedient, nicht mit Salat ohne alles zufriedengeben.
- Zum Schluss: Wie sieht er aus? Nicht vergessen: Ein wenig Pfeffer aus der Mühle als Garnitur steht jedem Salat ausgezeichnet.

Salate servieren

- Salate kann man nur in großen Schüsseln gut durchmischen.
- Geben Sie das Dressing immer erst in letzter Minute zu, sonst wird der Salat matschig. Vermengen Sie alles gründlich mit den Händen und sorgen Sie dafür, dass die Blätter leicht umhüllt und nicht ertränkt werden. Zusätzliche Salatsoße können Sie in einer Kanne auf den Tisch stellen. Bei einem Büffet steht die Kanne mit Dressing oder Vinaigrette neben dem Salat, sodass sich jeder selbst nehmen kann und die Blätter länger knackig bleiben.
- Servieren Sie Salat mit einer Salatzange, sodass Sie dies mit einer Hand tun können, während Sie den Teller in der anderen halten. Wir besitzen inzwischen eine ganze Sammlung von Zangen: kleine aus Kunststoff, große aus Metall, Zangen aus Bambus oder aus Holz. Ich finde sie praktischer als die herkömmlicher Salatbestecke.
- Einzelne kleine Portionen sehen in Sektkelchen, Gläsern oder sogar antiken Teetassen sehr schick aus und können auf diese Weise im Voraus angerichtet werden. Aber füllen Sie nicht zu viel Salat hinein, damit er sich noch gut mit dem Dressing mischen lässt. Servieren Sie dazu die Salatsoße in Schnapsgläsern.
- Nicht bei allen Salaten müssen sämtliche Zutaten zwingend miteinander vermengt werden. In Italien sah ich einmal einen Mann, der einen Salat bestehend aus kleinen Stapeln Anchovis, Oliven, Mozzarella, Tomaten und Gurken aß. Er mochte alle Zutaten, aber nicht als Mischung, und so schuf er mit der Gabel ständig neue Kombinationen. In »Einzelteile« zerlegt, kann man gut den Thunfischsalat Hawaii (S. 117), aber auch die normalerweise in Bento-Boxen gereichten japanischen Salate servieren (S. 108–111).
- Wenn Sie einen Salat transportieren wollen, dann verpacken Sie die Soße separat, oder geben Sie sie, z. B. beim Salat im Glas (S. 142), ganz unten in den Behälter.

Salatdressings

Alle Salatsoßen können Sie in einem Schraubglas zubereiteten – einfach die Zutaten hineingeben, das Glas verschließen und kräftig schütteln. So lassen sich Dressings gut im Kühlschrank aufbewahren.

Tahin-Zitronen-Dressing

Diese würzige, leicht nussige Salatsoße hat die Konsistenz von Mayonnaise und passt zu geröstetem Gemüse, Salat im Glas (S. 142), Falafel (S. 146) oder Hähnchen-Schawarma (S. 79). Besonders gut schmeckt sie mit etwas frischem Koriander bestreut zu gegrillten Auberginenscheiben.

Für 100 ml/6 Portionen
3 EL Tahin
3 EL Olivenöl
1 Knoblauchzehe, fein gerieben
ca. 2 EL Zitronensaft, nach Belieben mehr
Abrieb von ¼–½ Bio-Zitrone, je nach Geschmack
Salz und frisch gemahlener schwarzer Pfeffer

Alle Zutaten mit 2 EL kaltem Wasser in einer kleinen Schüssel oder einem Schraubglas mischen. Nach Belieben mit zusätzlichem Zitronensaft und -abrieb, Salz und Pfeffer abschmecken. Sofort verwenden oder gut verschlossen bis zu 3 Tage im Kühlschrank aufbewahren.

Koreanische Sesam-Joghurt-Soße

Dieses aromatische Dressing passt perfekt zu gemischten oder grünen Salaten und zu kalten Reisnudeln. Das Rezept verriet mir eine Koreanerin in einem Nagelstudio in New Jersey. Sie mochte es besonders gerne, weil es dank des Joghurts leichter war als eine Salatsoße mit viel Öl. Die gerösteten und gemahlenen Sesamsamen sind eine typische Zutat in koreanischen Dressings und sorgen für eine gute Bindung.

Für 150 ml/6–8 Portionen
4 EL Sesamsamen, geröstet und gemahlen
6 EL Naturjoghurt
2 EL Olivenöl
1 TL geröstetes Sesamöl
2 TL Reis- oder Weißweinessig
ca. 2 TL Zitronensaft, nach Belieben mehr
ca. 2 TL milder Honig, nach Belieben mehr
Salz

Alle Zutaten mit 3 EL Wasser in eine kleine Schüssel oder ein Schraubglas geben. Mischen und nach Belieben mit zusätzlichem Zitronensaft, Honig und Salz abschmecken. Sofort verwenden oder gut verschlossen bis zu 5 Tage im Kühlschrank aufbewahren.

Soja-Ingwer-Dressing

Das ist unser asiatisches Standarddressing und ein perfekter Partner für Salate, Garnelen, Lachs oder Hähnchen. Weil asiatische Salate oftmals viel Chili enthalten, verzichten wir im Dressing darauf. Wenn Sie es allerdings besonders scharf mögen, können Sie auch hier etwas fein gehackte Chilischote zufügen.

Für 150 ml/8–10 Portionen
2 EL neutrales Öl, z. B. Traubenkern- oder Erdnussöl (alternativ mildes Olivenöl)
4 EL Limettensaft oder Reisessig
3 EL Tamari (als glutenfreie Alternative) oder Sojasoße
1–2 EL milder Honig, je nach Geschmack
2 TL geriebener frischer Ingwer
1 TL geröstetes Sesamöl
1 Knoblauchzehe, fein gerieben
Salz

Alle Zutaten in einer kleinen Schüssel oder einem Schraubglas mischen. Mit Honig und Salz abschmecken und sofort verwenden oder gut verschlossen bis zu 3 Tage im Kühlschrank aufbewahren.

Variante:
1 EL stückige oder cremige Erdnussbutter zugeben.

Vietnamesischer Dip Nuoc Cham

Dieses Rezept verdanken wir Duc Tran, der Kochkurse gibt und gemeinsam mit seiner Frau in Hội An (Vietnam) das Restaurant Mango Rooms leitet. Dieser vielseitige Dip schmeckt zu Salaten, gegrilltem Fisch oder Meeresfrüchten. Eine besondere Note erhält er mit etwas gehacktem Koriander. Nach Möglichkeit sollte man hierfür vietnamesische Fischsoße verwenden, denn sie ist milder als die thailändische Variante Nam Pla. Zur Not lässt sich die Fischsoße auch durch etwas Salz ersetzen.

Für ca. 80 ml/6–8 Portionen
2 EL Limettensaft (in Vietnam werden kleine grüne Zitronen oder grüne Kumquats verwendet)
2 EL Reisessig
ca. 2 TL vietnamesische Fischsoße
ca. 2 TL milder Honig
1 kleine Knoblauchzehe, fein gehackt
ca. 1 rote oder grüne Chilischote, fein gehackt
Salz (optional)

Alle Zutaten in einer kleinen Schüssel oder einem Schraubglas mischen. Nach Belieben mit zusätzlicher Fischsoße oder Salz, Honig und Chili abschmecken. Sofort verwenden oder gut verschlossen bis zu 1 Woche im Kühlschrank aufbewahren.

Ponzu

Diese Soße kennt man vor allem in Kombination mit dem japanischen Rindfleischgericht Shabu Shabu. Dabei ist sie sehr vielseitig und passt auch zu gebratenem Thunfisch, gegrilltem Steak, gebratenen Auberginenscheiben, grünen und gemischten Salaten und ganz besonders gut zu Avocado. Typischerweise wird Ponzu mit dem Saft der japanischen Zitrusfrucht Yuzu hergestellt, die einen sauren Grapefruitgeschmack besitzt. In Europa ist sie kaum aufzutreiben, aber in manchen Asialäden oder über das Internet ist ihr Saft erhältlich. Vergewissern Sie sich aber, dass Sie tatsächlich den reinen Saft kaufen und keine Soße, die noch andere Zutaten enthält. Statt Yuzu können Sie auch eine Mischung aus Zitronen-, Limetten- und Grapefruitsaft verwenden.

Dieses Rezept verdanken wir Atsuko, die in London Kochkurse gibt. Sie ist mit einem Italiener verheiratet und hat Erfahrung darin, japanische Rezepte an europäische Gaumen anzupassen und für den täglichen Gebrauch etwas zu vereinfachen.

Für 150 ml/8–10 Portionen
3 EL Reisessig
3 EL helle Sojasoße
3 EL Mirin oder süßer Weißwein
ca. ½ TL Salz
½–1 TL milder Honig
ca. 2 EL Yuzusaft oder eine Mischung aus Zitronen-, Limetten- und Grapefruitsaft

Alle Zutaten in einer kleinen Schüssel oder einem Schraubglas mischen. Mit Salz, Honig und Yuzusaft abschmecken. Sofort verwenden oder gut verschlossen bis zu 3 Tage im Kühlschrank aufbewahren.

Honig-Senf-Dressing

Dieses cremige Dressing erhält durch den französischen und den englischen Senf einen würzigen Schärfekick. Zu Frühkartoffeln mit Petersilie, gebratenem Gemüse, Blattsalaten oder Salaten mit Hähnchen oder Schinken schmeckt es absolut köstlich.

Für 150 ml/10–12 Portionen
2 EL feiner oder grober Dijonsenf
2 TL englischer Senf
ca. 2 TL milder Honig oder Ahornsirup (als vegane Alternative), nach Belieben mehr
2 EL Zitronensaft, Apfel- oder Weißweinessig
Salz und frisch gemahlener schwarzer Pfeffer
8 EL Olivenöl

Beide Senfsorten mit Honig oder Ahornsirup, Zitronensaft oder Essig und etwas Salz und Pfeffer verrühren. Das Öl langsam zugeben und dabei weiterrühren, bis alles gut vermischt ist. Nach Belieben mit Honig oder Ahornsirup abschmecken. Sofort verwenden oder gut verschlossen bis zu 2 Wochen im Kühlschrank aufbewahren. Vor dem Servieren Zimmertemperatur annehmen lassen.

Klassische Vinaigrette

Ich bin mir ganz sicher: Dies ist das Rezept, dem ich meine Begeisterung fürs Kochen verdanke. Meine Mutter ließ mich als Kind immer die Salatsoße abschmecken, und ich sollte ihr sagen, ob sie sauer oder süß genug war. Auf diese Weise trainierte sie meinen Geschmackssinn und gab mir das Gefühl, dass meine Meinung zählte.

Für ca. 100 ml/6–8 Portionen
2 EL Rotweinessig
8 EL Olivenöl, nach Belieben mehr
1–2 EL milder Honig oder Ahornsirup (als vegane Alternative), je nach Geschmack
2 TL Dijonsenf
1 Knoblauchzehe, fein gehackt
Salz und frisch gemahlener schwarzer Pfeffer

Alle Zutaten in einer Schüssel oder einem Schraubglas mischen. Mit Salz und Pfeffer abschmecken und bei Bedarf mehr Öl oder Honig zufügen. Sofort verwenden oder gut verschlossen bis zu 1 Woche im Kühlschrank aufbewahren. Vor dem Servieren Zimmertemperatur annehmen lassen und gut durchrühren.

Varianten:

Balsamicoessig: Ersetzen Sie den Rotweinessig durch einen hochwertigen Balsamico.

Malzessig: Der besonders in Australien beliebte Essig verleiht dem Salat eine herbe Würze.

Kräuter: Geben Sie 2 EL gehackte Kräuter zur Vinaigrette, z. B. Basilikum, Koriander, Schnittlauch oder Petersilie.

Nüsse: Ersetzen Sie die Hälfte des Olivenöls durch Walnuss- oder Haselnussöl.

Crème fraîche: Ersetzen Sie die Hälfte des Olivenöls durch Crème fraîche oder Crème double.

Obstessig: Verwenden Sie z. B. Himbeer- oder Brombeeressig. Probieren Sie die Vinaigrette, bevor Sie Honig oder Sirup zugeben, da Obstessig recht süß ist.

Caesar Dressing

Für diese leckere Soße verwenden wir gebackenen Knoblauch aus dem Ofen, der besonders aromatisch ist. Da man für dieses Rezept nicht alle Zehen benötigt, kann man mit dem restlichen Knoblauch andere Salatsoßen verfeinern oder ihn einfach auf Toast streichen. Auch geräucherter Knoblauch schmeckt hierzu hervorragend.

Für ca. 220 ml/8–10 Portionen
1 ganze Knoblauchknolle
2 EL Olivenöl
1 Knoblauchzehe, grob gehackt
ca. 1 TL Zitronensaft, nach Belieben mehr
ca. 4 Sardellenfilets in Öl, abgetropft und
   fein gehackt, nach Belieben mehr
frisch gemahlener schwarzer Pfeffer
1 Portion Mayonnaise mit Dijonsenf
   (s. rechts)

Den Backofen auf 180 °C vorheizen. Die Knoblauchknolle oben gerade abschneiden und auf ein Stück Alufolie setzen. Die nun sichtbaren einzelnen Zehen mit Olivenöl beträufeln, einen Spritzer Wasser zufügen und die Ecken der Alufolie über dem Knoblauch zusammenfalten, sodass ein geschlossenes Päckchen entsteht. Auf ein Backblech setzen und 45–60 Minuten backen, bis die Knoblauchzehen weich und cremig sind. Aus dem Ofen nehmen und in der Folie abkühlen lassen.

3 Zehen aus der Knolle lösen, aus den Schalen drücken und mit rohem Knoblauch, Zitronensaft, Sardellen und 1 Prise Pfeffer zu einer Paste verrühren.

Die Knoblauchpaste mit der Mayonnaise mischen und das Dressing nach Belieben mit weiterem gebackenem Knoblauch, Zitronensaft und Sardellen abschmecken. Sofort verwenden oder gut verschlossen bis zu 1 Woche im Kühlschrank aufbewahren.

Mayonnaise

Dies ist das Rezept von Stefano Borella, dem Leiter unserer Kochschule. Als unser Sohn Flavio mal eine Vorliebe für gekaufte Mayonnaise entwickelte, schickte ich ihn zu Stefano, um ihm zu zeigen, wie richtige Mayonnaise schmeckt. Bei diesem Rezept kann man ganz nach persönlicher Vorliebe mit verschiedenen Aromen spielen, z. B. durch die Zugabe von Senf und Knoblauch. Für die Säure sorgen entweder Essig oder Zitronensaft, und auch bei der Wahl des Öls kann man gut variieren. Wir bevorzugen eins ohne Eigengeschmack, z. B. Erdnuss- oder Traubenkernöl, aber zum Schluss geben wir gern noch einen kleinen Schuss Olivenöl zum Verfeinern zu.

Unsere persönliche Lieblingsmayonnaise besteht aus Erdnussöl mit etwas zusätzlichem Olivenöl, Weißweinessig und Dijonsenf; sie kommt ohne Knoblauch aus.

Für ca. 220 ml/8–10 Portionen
3 Eigelb
ca. ½ TL feines Salz
ca. 2 EL Weißweinessig oder Zitronensaft,
   nach Belieben mehr
150 ml Erdnuss- oder neutrales Kernöl
   (oder 125 ml Erdnuss- oder neutrales
   Kernöl plus 25 ml Olivenöl)
2 TL englischer Senf oder Dijonsenf
   (optional)
1 Knoblauchzehe, fein gehackt (optional)

Wenn Sie Mayonnaise von Hand mit einem Schneebesen rühren, sollten Sie die Schüssel für einen festen Stand auf ein feuchtes Tuch stellen. Alternativ können Sie ein Handrührgerät oder eine Küchenmaschine benutzen.

Eigelbe, Salz und Essig oder Zitronensaft in einer Schüssel verrühren. Dann langsam das Öl zunächst tropfenweise, dann in einem dünnen Strahl zugeben. Dabei stetig weiterrühren, bis die Mayonnaise dickcremig und die angegebene Ölmenge aufgebraucht ist.

Anschließend Senf und Knoblauch, falls verwendet, untermischen. Die Mayonnaise nach Belieben mit Salz und Essig oder Zitronensaft abschmecken. Falls sie zu dick geraten sein sollte, etwas warmes Wasser einrühren. Sofort servieren oder gut verschlossen bis zu 1 Woche im Kühlschrank aufbewahren.

Varianten:

Chipotle-Mayonnaise: 100 g Mayonnaise, 50 g saure Sahne, 1 TL Chipotlepaste (geräucherte Chilipaste) oder -pulver und 1 EL Limettensaft verrühren.

Zitronen-Mayonnaise: Statt Essig Zitronensaft verwenden und zusätzlich etwas Bio-Zitronenabrieb untermischen.

Aioli: Die fertige Mayonnaise mit 2 fein gehackten Knoblauchzehen mischen und ein paar Stunden ziehen lassen.

Safran-Mayonnaise: ½ TL Safranfäden in 1 EL sehr heißem Wasser einige Minuten ziehen lassen, bis das Wasser abgekühlt ist. Anschließend das Safranwasser in die fertige Mayonnaise rühren.

Frisch in den Tag

Wassermelone & Feta mit Minz-Vinaigrette

Räucherfischsalat

Zuckerschoten & Erbsen-Pancakes mit Pfeffermakrele

Spinat, Bacon, Avocados & Tomaten mit pochierten Eiern

Schwedischer Gurkensalat

Safranpfirsiche mit Bananen-Pancakes, Zitronen-Crème-fraîche & Minze

Obstsalat mit Ingwer, Kurkuma & Kokoscreme

Birchermüsli & bunte Beeren

Wassermelone & Feta mit Minz-Vinaigrette

Für 4–6 Portionen

Dies ist ein Rezept unseres Freundes Moustafa el Refaey, ein Koch aus Kairo. Wir lieben diese Kombination von Feta und süßer Wassermelone, die durch die Minz-Vinaigrette noch frischer und saftiger wird. Wir servieren diesen Salat gerne zum Frühstück, er eignet sich aber auch als Vorspeise oder leichtes Dessert.

Für die Vinaigrette:
8 g Minzblättchen
2 EL Weißweinessig
60 ml Olivenöl
1 TL milder Honig
Salz und frisch gemahlener schwarzer Pfeffer

Für den Salat:
500 g Wassermelone, entkernt, in 3 cm großen Würfeln
200 g Feta, in 1 x 3 cm großen Stücken
150 g Gurke, in 1 cm großen Würfeln
ein paar Minzblättchen zum Garnieren

Für die Vinaigrette alle Zutaten in einem Mixer pürieren und mit Salz und Pfeffer abschmecken.

Für den Salat Melone, Feta und Gurke in eine Schüssel geben und behutsam mit der Vinaigrette vermengen. Entweder sofort servieren oder max. 4 Stunden im Kühlschrank kalt stellen. In gekühlten Gläsern oder Schalen anrichten und mit den Minzblättchen garnieren.

Räucherfischsalat

Für 4 Portionen

Geräucherter weißfleischiger Meeresfisch ist eine jüdische Delikatesse, die vor allem in New York Tradition hat. Das herrliche Delikatessengeschäft Russ & Daughters ist für diese Spezialität berühmt. Im Mile End Deli wiederum wird ein *Whitefish Salad* angeboten, der uns zu diesem Rezept inspiriert hat.

Wir essen ihn gerne am Wochenende zum Brunch, am liebsten mit pochierten Eiern auf gebuttertem Toast oder mit Roggen-Bagels. Ein paar Kleckse selbst gemachte Zitronen-Mayonnaise (S. 21) verhindern, dass der Salat vom Toast rutscht.

250 g ungefärbtes geräuchertes Schellfisch-, Kabeljau- oder anderes weißfleischiges Fischfilet
2 Stangen Staudensellerie, schräg in feine Scheiben geschnitten, plus grob zerzupfte Sellerieblätter
2 Frühlingszwiebeln, schräg in feine Ringe geschnitten
1 kleine Handvoll glatte oder krause Petersilie
ein paar Stängel Dill
Saft von ½ Zitrone
2 EL Olivenöl
Salz und frisch gemahlener schwarzer Pfeffer

Außerdem (optional):
Mayonnaise (selbst gemacht S. 21)
pochierte Eier
gebutterter Toast oder Bagels

Den Fisch in köchelndem Wasser garen. Je nach Dicke des Filets dauert das 5–10 Minuten. Die Haut und sämtliche Gräten entfernen. Abtropfen und abkühlen lassen.

Das Fischfilet zerteilen und auf einem großen Teller anrichten. Sellerie, Sellerieblätter und Frühlingszwiebeln daraufgeben. Petersilie und Dillspitzen darüberstreuen. Zitronensaft und Öl mit etwas Salz und Pfeffer in einer Schüssel verrühren und den Salat gleichmäßig damit beträufeln.

Sie können den Räucherfischsalat ohne Beilagen servieren (er ist somit frei von Gluten und Milchprodukten) oder mit Mayonnaise, pochierten Eiern und gebuttertem Toast oder Bagels.

Zuckerschoten & Erbsen-Pancakes mit Pfeffermakrele

Für 4–6 Portionen

Diese kleinen grünen Pancakes, die an Blinis erinnern, schmecken einfach jedem. Wir bestreichen sie mit Dill-Crème-fraîche und reichen sie zu geräuchertem Fisch. Ein perfektes Wochenendfrühstück oder in Kombination mit dem Zuckerschotensalat ein leichtes Mittagessen.

Weil die Dill-Crème-fraîche einige Zeit ziehen sollte, bereiten wir sie mind. 3 Stunden im Voraus zu. Im Kühlschrank hält sie sich 4 Tage. Auch Reikos eingelegte Gurken (S. 110) passen großartig dazu.

Für die Dill-Crème-fraîche:
200 g Crème fraîche
3 gehäufte EL fein gehackter Dill
1–2 TL milder Honig
1 TL Dijonsenf
1 EL Zitronensaft
Salz und frisch gemahlener schwarzer Pfeffer

Für die Pancakes:
300 g frische oder TK-Erbsen
1 kleine Handvoll Minzblättchen
3 Frühlingszwiebeln, grob gehackt
50 g Buchweizen- oder Weizenmehl
2 Eier
3–4 EL Erdnuss- oder Traubenkernöl
1–2 EL Mandelmilch oder Milch (optional)
Öl zum Braten

Für den Salat:
200 g Zuckerschoten (alternativ Stangenbohnen)
3 Frühlingszwiebeln, schräg in 3 cm große Stücke geschnitten
200 g Mini-Zucchini, längs in feine Streifen geschnitten
2 kleine Romanasalatherzen, grob auseinandergezupft
1 Handvoll Radieschen, in feinen Scheiben
1 kleines Bund Dill, zerzupft
1 Handvoll Minzblättchen
4 EL Olivenöl
1 EL Zitronensaft
Salz und frisch gemahlener schwarzer Pfeffer

Für den Fisch:
3 geräucherte Pfeffermakrelenfilets oder 200 g Räucherlachs oder geräucherte Forelle

Für die Dill-Crème-fraîche alle Zutaten mischen, mit Salz und Pfeffer abschmecken und abgedeckt im Kühlschrank ziehen lassen.

Für die Pancakes die Erbsen in kochendem Wasser weich garen. Das dauert bei TK-Erbsen 3–4 Minuten, bei frischen Erbsen bis zu 15 Minuten. Abtropfen lassen und in Eiswasser abschrecken. Die abgetropften Erbsen mit den übrigen Pancakes-Zutaten außer Milch und Öl im Mixer pürieren, bis ein flüssiger Teig entstanden ist. Bei Bedarf etwas Milch zugeben. Den Teig quellen lassen, während der Salat zubereitet wird.

Die Zuckerschoten in ca. 3 Minuten in kochendem Wasser weich garen. Abtropfen lassen und in Eiswasser abschrecken, damit sie ihre grüne Farbe behalten. Mit den übrigen Salatzutaten in einer Schüssel mischen, mit Salz und Pfeffer würzen und beiseitestellen.

Die Pancakes portionsweise in einer beschichteten Pfanne in etwas heißem Öl ausbacken. Dazu je eine kleine Kelle Teig hineingeben und den Pancake nach 1–2 Minuten wenden, sobald sich an der Oberseite Bläschen bilden. Die andere Seite ebenfalls goldbraun backen. Aus der angegebenen Teigmenge erhält man ca. 20 Pancakes in Blini-Format. Sie schmecken zimmerwarm oder können vor dem Servieren im Backofen warm gehalten werden (auf 50 °C vorheizen).

Den Salat auf einer großen Servierplatte mit den Pancakes, der Dill-Crème-fraîche und den grob zerteilten Fischfilets anrichten.

Vegetarische Variante:
Pancakes und Dill-Crème-fraîche mit 200 g zerkrümeltem Feta servieren.

 bei Verwendung von Buchweizenmehl für die Pancakes

Spinat, Bacon, Avocados & Tomaten mit pochierten Eiern

Für 4 Portionen

Der Duft von kross gebratenem Bacon ist ein effektives Wecksignal für Jungs im Teenageralter und macht dieses deftige Frühstück noch attraktiver. Mit zerkleinerter Chorizo statt Bacon ist der Salat aber auch ein leckeres Mittag- oder Abendessen (das Knoblaucharoma von Chorizo ist mir persönlich morgens noch zu heftig). Falls Sie ein gutes Avocadoöl im Haus haben, sollten Sie es hierfür verwenden.

6 Streifen durchwachsener Bacon, grob gehackt, oder 1 Chorizo, zerkrümelt
1 große Hass-Avocado, in Scheiben
1 große Handvoll Spinatblätter (alternativ Rote-Bete-Blätter oder Brunnenkresse)
150 g Kirsch- oder Strauchtomaten, geviertelt
1 großzügiger Spritzer Zitronensaft
2 EL Avocado- oder Olivenöl
Salz und frisch gemahlener schwarzer Pfeffer
4 Eier
4 Scheiben gebuttertes Sauerteigbrot zum Anrichten (optional)

 wenn ohne Brot serviert

Den Bacon oder die Chorizo in einer Pfanne knusprig braten. Auf Küchenpapier abtropfen lassen. In einer Schüssel mit Avocado, Spinatblättern, Tomaten, Zitronensaft und Öl vermengen. Mit Salz und Pfeffer würzen.

In einem Topf Wasser zum Köcheln bringen. Die Eier nacheinander vorsichtig in je eine Tasse aufschlagen. Im köchelnden Wasser mit einer Gabel einen Wirbel erzeugen und ein Ei nach dem anderen behutsam hineingleiten lassen. Das Wasser darf dabei nicht zu stark kochen und sprudeln. Die Eier nach ca. 3 Minuten, sobald das Eiweiß fest ist, nacheinander mit einem Schaumlöffel herausheben und auf Küchenpapier abtropfen lassen.

Die pochierten Eier nach Belieben auf Brot anrichten und mit dem Salat servieren.

Schwedischer Gurkensalat

Für 6–8 Portionen

Einen ähnlichen Salat stellen wir in unserem Buch *The Gentle Art of Preserving* vor: Dafür werden die Gurken zuvor in Salz und Essig eingelegt. Da die frischen Gurken auch hier fein geschnitten sind, schmecken sie ähnlich wie die eingelegten, sind aber natürlich viel knackiger. Der Schwedische Gurkensalat passt hervorragend zu geräuchertem oder gebeiztem Lachs, zum Salat aus Roter Bete & Apfel (S. 153) oder zu Zuckerschoten & Erbsen-Pancakes mit Pfeffermakrele (S. 28). Am besten gelingt er mit kleinen kernarmen Gurken.

4 kleine Gurken oder 1 Salatgurke
Salz
1 Schalotte, in dünnen Scheiben
1 EL fein gehackter Dill
1 EL fein gehackte glatte oder krause Petersilie
2 EL Apfelessig
1 EL milder Honig
frisch gemahlener schwarzer Pfeffer

Die Gurken schälen, anschließend der Länge nach halbieren und mit einem Teelöffel die Kerne herausschaben. Die entkernten Gurkenhälften in ca. 2 mm dünne Scheiben schneiden. Mit 1 TL Salz vermengen und in einem Sieb 30 Minuten abtropfen lassen.

Die Gurkenscheiben leicht ausdrücken und in eine Schüssel geben. Die übrigen Zutaten mischen und mit Salz und Pfeffer abschmecken. Mit den Gurken vermengen und den Salat entweder sofort servieren oder in einem verschlossenen Behälter bis zu 3 Tage im Kühlschrank aufbewahren.

Safranpfirsiche mit Bananen-Pancakes, Zitronen-Crème-fraîche & Minze

Für 6 Portionen

Wir verdanken auch dieses Rezept Moustafa, einem befreundeten Koch aus Kairo. Die Safranpfirsiche schmecken besonders gut, wenn man sie mit Rosenwasser besprenkelt. Supergesund wird das Gericht, wenn man Zucker und Butter weglässt und die Pfirsiche quasi nackt unter dem Backofengrill bräunt; allerdings werden sie dann etwas trockener. Da Safran nicht jedermanns Sache ist, bereite ich für Besuch immer nur einen Teil der Pfirsiche damit zu.

Dies ist eines unserer Lieblings-Wochenendfrühstücke – man kann die Pfannkuchen aber auch weglassen, dann werden die Safranpfirsiche zu einem köstlichen Dessert.

Für den Crumble:
1 Rezept Müslifüllung (S. 202)

Für die Zitronen-Crème-fraîche:
200 g Crème fraîche
Abrieb von ½ Bio-Zitrone
1 TL Zitronensaft
ca. 1 TL milder Honig oder feiner Zucker, nach Belieben mehr

Für die Bananen-Pancakes:
2 Bananen, grob zerteilt
3 Eier
50 g Haferflocken (ggf. glutenfrei)
2 EL Leinsamen
Mark von 1 Vanilleschote oder ½ TL Vanilleextrakt
2 EL Erdnussöl

Für die Pfirsiche:
6 Pfirsiche
15 g Butter, zerlassen
½ TL Safranfäden (optional)
1 EL milder Honig

Außerdem (optional):
etwas milder Honig
ein paar Spritzer Rosenwasser
ein paar Minzblättchen

 bei Verwendung von glutenfreien Haferflocken

Den Backofen auf 130 °C vorheizen und ein Backblech mit Backpapier auslegen.

Für den Crumble Datteln, Rosinen, getrocknete Äpfel, Vanilleextrakt, Zimt und Nüsse im Mixer zerkleinern, bis eine stückige Paste entsteht. Die Kürbiskerne zugeben und alles mit den Händen gut durchkneten, dann zerbröseln und auf dem Backblech verteilen. Den Crumble 15–20 Minuten im Ofen backen, bis er knusprig ist. Abkühlen lassen und in einen luftdichten Behälter füllen. So aufbewahrt ist er 5 Tage haltbar.

Für die Zitronen-Crème-fraîche alle Zutaten in einer Schüssel vermengen, bei Bedarf mehr Honig oder Zucker zufügen. Bis zur Verwendung abgedeckt in den Kühlschrank stellen. Hier bleibt sie bis zu 3 Tage frisch.

Für die Bananen-Pancakes alle Zutaten bis auf das Öl in einem Mixer zu einem glatten Teig pürieren. Das Öl in einer großen beschichteten Pfanne erhitzen. Je 1 EL Teig hineingeben und zu einem Kreis (Ø 10 cm) verstreichen. Die Pancakes von beiden Seiten goldbraun backen. Erst wenden, wenn sich an der Oberseite Bläschen bilden. Die fertigen Pancakes (die Teigmenge ergibt 16–18 Stück) im Ofen bei ca. 100 °C warm halten.

Den Backofengrill vorheizen. Die Pfirsiche halbieren und entsteinen. Die Butter mit Safran mischen, die Pfirsiche damit bepinseln und mit Honig beträufeln. Die Pfirsiche mit der Schnittfläche nach oben auf ein Blech legen und ca. 15 Minuten grillen, bis sie stark bräunen.

Zum Servieren Pancakes und Pfirsiche auf Teller verteilen, je einen Klecks Zitronen-Crème-fraîche daraufgeben und mit Crumble bestreuen. Nach Belieben mit Honig, Rosenwasser und Minzblättchen verfeinern.

Obstsalat mit Ingwer, Kurkuma & Kokoscreme

Für 4 Portionen

Dieses gesunde Frühstück, das sich auch als Nachtisch eignet, baut auf einem Rezept unserer Freundin Sally Dorling auf. Sie serviert dazu gerne Ingwerjoghurt. Unsere Variante enthält außerdem Kurkuma – so wird der Salat noch gesünder und bekommt eine schöne orangegoldene Farbe. Kurkuma hilft gegen Entzündungen und Ingwer beruhigt den Magen. Eine weitere nicht nur leckere, sondern auch sinnvolle Zutat ist die Kokoscreme: Sie dämpft den Insulinschub, der beim Verzehr von Obst auftritt.

Für die Kokoscreme:

400 ml Kokosmilch (Dose)

ca. 2 TL milder Honig oder Ahornsirup (als vegane Alternative), nach Belieben mehr

1 TL Vanilleextrakt

Für den Obstsalat:

500 g Obst, z. B. Mangos, Melone, Ananas, Litschis, Weintrauben, Äpfel

2 TL fein geriebene frische Kurkuma oder 1 TL gemahlene Kurkuma

2 TL fein geriebener frischer Ingwer

Saft von 1 Orange

 bei Verwendung von Ahornsirup

Die Kokosmilchdose mind. 3 Stunden im Voraus in den Kühlschrank stellen, damit sich die festere Creme von dem flüssigen Kokoswasser absetzen kann. Die Dose (ohne Schütteln) vorsichtig öffnen, die dicke Kokoscreme (130–150 g) abschöpfen und in eine Schüssel geben. Die übrige Flüssigkeit anderweitig verwenden, z. B. für Smoothies. (Ich mische sie gerne mit Kaffee.) Mit Schneebesen, Handrührgerät oder Küchenmaschine die Kokoscreme glatt rühren. Honig oder Ahornsirup und Vanilleextrakt untermischen. In einem luftdicht verschlossenen Behälter bleibt die Creme im Kühlschrank bis zu 3 Tage haltbar.

Das Obst schälen bzw. putzen, in mundgerechte Stücke schneiden und in eine Schüssel geben. Kurkuma und Ingwer mit Orangensaft mischen und mit dem Obst vermengen. Nach Belieben über Nacht im Kühlschrank durchziehen lassen.

Den Obstsalat mit der Kokoscreme servieren.

Birchermüsli & bunte Beeren

Für 4 Portionen

Diese gesunde Version des klassischen Birchermüslis kombinieren wir mit frischem Obstsalat. Sie können mit dem Rezept experimentieren, indem Sie verschiedene Samen und Nüsse zufügen, z. B. Chia-Samen, Leinsamen, Sonnenblumenkerne, Walnüsse oder Mandeln. Wenn gerade keine Beerensaison ist, servieren Sie das Müsli mit Trockenobst wie Aprikosen, Pflaumen, Datteln, eingeweichten Goji-Beeren, Bananen oder Kokosraspeln. Birchermüsli schmeckt auch mit Natur- oder Kokosjoghurt und Bienenpollen. Mir ist das Müsli so süß genug, aber Naschkatzen können gerne Honig oder Ahornsirup zufügen.

100 g Haferflocken (ggf. glutenfrei)
150 ml ungesüßte Mandelmilch (alternativ Kokosmilch Wasser oder Vollmilch) plus ggf. etwas mehr
Saft von 1 Orange
50 g ganze ungeschälte Mandeln
1 Apfel, entkernt und grob geraspelt
1 EL Samen, z. B. Chia-Samen, Sonnenblumen- oder Kürbiskerne
1–2 EL milder Honig oder Ahornsirup (als vegane Alternative; beides optional)
½ TL Zimt (optional)
125 g gemischte Beeren, z. B. Erdbeeren, Brombeeren, Heidelbeeren und Himbeeren

Die Haferflocken in Mandelmilch und Orangensaft über Nacht im Kühlschrank einweichen. Die Mandeln in einer separaten Schüssel über Nacht im Kühlschrank in Wasser einweichen. Am folgenden Tag die Mandeln abtropfen lassen und grob hacken. Mandeln, Apfel, Samen und nach Belieben Honig oder Ahornsirup und Zimt mit den Haferflocken vermengen. Die Mischung mit etwas Milch verdünnen, falls sie zu fest sein sollte. Auf Gläser verteilen und mit der Beeren bedecken. Sofort servieren oder im Kühlschrank für das Frühstück am nächsten Tag aufbewahren.

 bei Verwendung von glutenfreien Haferflocken

 bei Verwendung von Mandel- oder Kokosmilch

 bei Verwendung von Ahornsirup

Leichte Vorspeisen

Grüner-Smoothie-Salat

Vietnamesisches Gemüse mit zweierlei Dips

Feigen, Nektarinen, Burrata & Parmaschinken mit Honigdressing

Kopfsalat mit Gorgonzola dolce & warmer Bacon-Vinaigrette

Caesar Salad mit kandierten Walnüssen

Avocado & Rucola mit Balsamicodressing aus Erdbeeren, Basilikum & Cashews

Gebratener Blumenkohl in Garam Masala mit Mango-Joghurt-Dip

Koreanischer Grapefruit- und Erdbeersalat

Italienischer Meeresfrüchtesalat

Gegrillter Tintenfisch & Kartoffeln mit grünen Semmelbröseln

Pochierte Thai-Garnelen, Möhren & Koriander

Vietnamesische Frühlingsrollen

Rote Bete & Lachs-Tiradito

Einfache Ceviche, Weintrauben & Sellerie

Ceviche vom Wolfsbarsch mit Süßkartoffel & Koriander

Glücksdip

Knollensellerie, Radieschen & Manchego mit Trüffelöl

Chicorée, Piquillo-Paprika & Chorizo

Grüner-Smoothie-Salat

Für 4 Portionen

Diese ungewöhnliche Vorspeise ist von Ignacio Mattos Burrata mit Salsa verde inspiriert. Er serviert dieses Gericht, bestehend aus einer ganzen reifen Burrata in würziger grüner Sauerampfersoße, in seinem New Yorker Restaurant Estela. Wenn Sie Sauerampfer finden, verwenden Sie ihn am besten in Kombination mit Spinat. Wenn nicht, ist Spinat allein eine gute Alternative.

Ich serviere den Salat als Vorspeise oder nach einem Hauptgang, am liebsten in Sektkelchen, weil er so erfrischend schmeckt. Er eignet sich auch gut als Frühstück an einem sonnigen Tag; dann lasse ich allerdings den Knoblauch weg.

Für den grünen Smoothie:
je 50 g Sauerampfer und Spinat (alternativ 100 g Spinat)
½ Birne, entkernt
100 g Staudensellerie
½ Knoblauchzehe
10 g frischer Ingwer, grob gehackt
Salz und frisch gemahlener schwarzer Pfeffer
¼–½ grüne Chilischote, in Ringen (optional)

Für den Salat:
1 Zucchini, in 1 cm großen Würfeln
½ Salatgurke, entkernt, in 1 cm großen Würfeln
125 g Büffelmozzarella, in 8 Stücke gezupft
1 Avocado, in 1 cm großen Würfeln

Für den Salat Zucchini und Gurke in einer Schüssel vermengen und kalt stellen. Den Mozzarella in ein Sieb geben und im Kühlschrank abtropfen lassen. (Die Avocado erst kurz vor dem Servieren schneiden, da sie schnell braun wird.)

Alle Zutaten für den Smoothie bis auf die Chili mit 200 ml kaltem Wasser in einen Mixer geben und pürieren, anschließend durch ein feines Sieb passieren. Den Smoothie nach Belieben mit Salz, Pfeffer und Chili scharf-würzig abschmecken und bis zum Servieren kalt stellen. Im Kühlschrank hält er sich 1 Tag.

Den Smoothie in einzelne Gläser oder eine große Schüssel füllen, die Salatzutaten kurz vor dem Servieren zugeben.

Vietnamesisches Gemüse mit zweierlei Dips

Für 6 Portionen

Gemüsesticks, z. B. aus gelber und grüner Zucchini, Möhren und roter Paprika, passen ausgezeichnet zu Korianderchutney und Erdnussdip. Wir lernten diese Kombination in dem fabelhaften vegetarischen Restaurant Hum in Saigon kennen – sie ist ein perfekter kleiner Imbiss für zwischendurch und ein gesunder Snack für Kinder, aber auch eine hervorragende Möglichkeit, übrig gebliebene Zucchini oder welken Koriander sinnvoll zu verwerten.

Für den Erdnussdip:
120 g stückige Erdnussbutter
1 EL Tamarindensoße (alternativ 1 EL zusätzlicher Limetten- oder Zitronensaft)
1 EL Sojasoße
2 EL Limetten- oder Zitronensaft
¼–½ rote oder grüne Chilischote, fein gehackt (optional)
1–2 TL milder Honig, je nach Geschmack
Salz

Für das Korianderchutney:
200 g Koriander (1 sehr großes Bund)
100 g geröstete Cashewkerne oder geschälte Erdnusskerne
4 EL Zitronensaft
½–1 TL Salz
1 TL milder Honig (optional)
15 g Ingwer, grob gehackt
½–1 grüne Chilischote, grob gehackt

Für das Gemüse:
2 rote Paprikaschoten
2 gelbe oder grüne Zucchini
2 Möhren

Für den Erdnussdip alle Zutaten mischen und mit 75 ml kaltem Wasser in einer Schüssel zu einer glatten Paste verrühren. Mit Honig und Salz abschmecken. Luftdicht verschlossen hält sich der Dip im Kühlschrank bis zu 4 Tage.

Für das Korianderchutney die Zutaten in einen Mixer geben, die Chili je nach Schärfe dosieren. Alles durchmixen und dabei bis zu 100 ml kaltes Wasser zufügen, bis ein cremiges Chutney entsteht. Luftdicht verschlossen hält es sich im Kühlschrank bis zu 4 Tage.

Das Gemüse waschen und putzen, dann in mundgerechte Sticks schneiden. Zu Dip und Chutney servieren.

Feigen, Nektarinen, Burrata & Parmaschinken mit Honigdressing

Für 6 Portionen

Ein moderner Salatklassiker, der mit Burrata oder Mozzarella und Honigdressing einfach köstlich schmeckt. Achten Sie auf die Qualität der Zutaten, und schon können Sie die einfachen Freuden des Lebens genießen: Verwenden Sie eine cremige Burrata, die besten Tomaten, die Sie auftreiben können, und ein wirklich hochwertiges Olivenöl. Ein weiteres Highlight in diesem Salat sind die frischen Sommerfrüchte. Feigen schmecken hier genauso gut wie Kirschen – Hauptsache, sie sind reif und aromatisch.

Für das Honigdressing:
1 EL milder Honig
2 EL Olivenöl
Salz und frisch gemahlener schwarzer Pfeffer

Für den Salat:
6 Feigen, je nach Größe halbiert oder geviertelt
2 Nektarinen, in dünnen Scheiben
6 x 125 g Burrata oder Mozzarella
12 Scheiben Parmaschinken
200 g Kirschtomaten, halbiert
12 große Basilikumblätter

Alle Zutaten für das Dressing in einer kleinen Schüssel verrühren und mit wenig Salz und Pfeffer abschmecken. Dabei nicht vergessen: Käse und Schinken sind bereits salzig!

Die Salatzutaten auf 6 Tellern anrichten und mit dem Honigdressing beträufelt servieren.

Kopfsalat mit Gorgonzola dolce & warmer Bacon-Vinaigrette

Für 6 Portionen

Stefano Borrella, der Leiter unserer Kochschule, ist Italiener und kommt aus den Bergen. Wenn seiner Familie früher das Olivenöl ausging, richtete seine Großmutter ihre Salate mit Schweineschmalz und selbst angesetztem Essig an. Wir fanden das interessant und experimentierten mit dem Fett, das nach dem Auslassen von Speck in der Pfanne zurückbleibt.

Und das hier ist das Ergebnis: ein himmlisches Durcheinander aus Salatblättern, rauchig-würzigem Bacon und weichem Käse. Präsentieren Sie das Gericht noch warm auf einem großen Holzbrett, und alle werden begeistert zugreifen. Salat und Dressing können zuvor einzeln vorbereitet und kurz vor dem Servieren miteinander vermischt werden.

Der Kopfsalat spielt hier eine wichtige Rolle. Es sollte ein mild-aromatischer Salatkopf mit runden, weichen Blättern sein. Sie können auch Romana verwenden, sollten dann allerdings den bitteren Strunk vollständig entfernen, die Blätter auseinanderzupfen und als einzelne Portionen servieren.

---

1 Kopfsalat
250 g Bacon mit viel Fett, in 1 cm breiten Streifen
100 ml Olivenöl
25 g Pinienkerne, Mandelstifte oder Haselnüsse
200 g Gorgonzola dolce
2 EL Rotweinessig
Salz und frisch gemahlener schwarzer Pfeffer

Außerdem:
geröstetes Brot zum Servieren (optional)

 wenn ohne Brot serviert

Den Salatkopf im Ganzen waschen, trocken tupfen und umgedreht auf Küchenpapier abtropfen lassen. Die bitteren, dicken Blattrippen außen so beschneiden, dass sich der Kopf blütenartig öffnet, ohne dabei auseinanderzufallen. Den Strunk deshalb nur kürzen, aber nicht entfernen.

Den Bacon in einer großen beschichteten Pfanne bei niedriger Hitze im Olivenöl knusprig braten. Das Öl wird später für die Vinaigrette verwendet.

Pinienkerne, Mandeln oder Nüsse in einer beschichteten Pfanne ohne Fett in 5–7 Minuten goldbraun rösten, dabei häufig wenden und aufpassen, dass sie nicht anbrennen.

Inzwischen den Kopfsalat auf ein Brett oder eine große Servierplatte legen und die Blätter behutsam auseinanderfalten. Den Käse in mundgerechte Stücke zupfen und zwischen den Salatblättern verteilen.

Den Essig mit dem Bacon und dem Öl in der Pfanne vermischen und die Vinaigrette mit etwas Salz und reichlich Pfeffer würzen.

Die noch warme Bacon-Vinaigrette gleichmäßig über den Kopfsalat gießen. Pinienkerne, Mandeln oder Nüsse darüberstreuen. Am praktischsten ist es, diesen Salat mit den Fingern zu essen, deshalb sollten Servietten bereitliegen: Dazu jeweils ein einzelnes Salatblatt mit Käse, Bacon, Pinienkernen und Vinaigrette abzupfen, zusammenfalten und in den Mund stecken. Nach Belieben mit geröstetem Brot servieren.

Caesar Salad mit kandierten Walnüssen

Für 6 Portionen

Ich wollte hier eigentlich keinen Caesar Salad vorstellen, weil es dafür bereits unzählige Rezepte im Internet und in Büchern gibt. Doch als ich in Robertas Restaurant in Brooklyn die leichte, würzige Knoblauchmayonnaise kostete, die in deren Caesar Salad die knackigen Salatblätter umschmeichelte, änderte ich meine Meinung. Ich habe das brillante Rezept nur leicht verändert. Übrig gebliebenes Dressing passt hervorragend zu gekochten Kartoffeln oder Eiern.

Ein weiteres Highlight in diesem Salat sind die Nüsse. Für das Kandieren eignen sich weichere Nusskerne wie Walnüsse und Pekannüsse ganz besonders. Sie schmecken auch in anderen Salaten oder allein als Knabberei.

Für die kandierten Nüsse:
400 g Walnusskernhälften oder Pekannusskerne
   (alternativ 400 g Nussmischung)
2 Eiweiß
30 g brauner Rohrzucker
75 g milder Honig oder Ahornsirup (als vegane Alternative)
½ TL frisch gemahlener schwarzer Pfeffer
1 TL Salz

Für den Salat:
2 Romanasalatherzen
1 Rezept Aioli (S. 21)
100 g Parmigiano Reggiano oder reifer Pecorino
frisch gemahlener schwarzer Pfeffer

Den Backofen auf 180 °C vorheizen und ein Backblech mit Backpapier auslegen.

Die Nüsse auf dem Blech verteilen und 12 Minuten im Ofen rösten. Zwischendurch das Blech einmal wenden, damit alle Nüsse gleichmäßig bräunen. Die Nüsse aus dem Ofen nehmen und abkühlen lassen. Die Ofentemperatur auf 130 °C reduzieren.

Die Eiweiße beinahe steif schlagen, dann mit Zucker, Honig und Pfeffer verrühren.

Die Nüsse zum Eischnee geben und mit einem Holzlöffel gut untermengen. Mit einem Schaumlöffel herausnehmen und wieder auf dem Blech verteilen. Die Nüsse gleichmäßig mit Salz bestreuen und 25 Minuten backen. Nach der Hälfte der Zeit das Backblech erneut wenden. Die fertig gerösteten Nüsse sollten sich trocken und nicht klebrig anfühlen; wenn sie noch kleben, ein paar Minuten länger backen. Aus dem Ofen nehmen, abkühlen lassen und anschließend in einen luftdicht verschlossenen Behälter füllen. Darin bleiben sie bis zu 2 Wochen haltbar.

Die Salatherzen putzen, die Blätter abzupfen, waschen und trocknen. Einige Salatblätter in eine große Schüssel legen und etwas Aioli daraufgeben. Dann eine dünne Schicht Käse über den Salat reiben, mit ein paar kandierten Walnüssen bestreuen und etwas Pfeffer darübermahlen. Auf diese Weise den Salat weiterschichten, bis alle Zutaten aufgebraucht sind.

Avocado & Rucola mit Balsamicodressing aus Erdbeeren, Basilikum & Cashews

Für 4–6 Portionen

Die vegane Köchin Sara Mittelsteiner vermachte mir dieses Rezept für einen ihrer Lieblingssalate. Sara stammt aus Parma und hat das Wissen über Balsamico praktisch in die Wiege gelegt bekommen. Deshalb wählt sie auch stets eine auf traditionelle Weise in Modena hergestellte Sorte. Die hier mitverarbeitete Nährhefe verleiht dem Salat Würze und liefert außerdem Vitamin B12. Aber auch ohne sie schmeckt die Salatsoße köstlich.

Für das Dressing:
50 g eingeweichte Cashewkerne (S. 13)
2 EL Tapiokastärke
1 EL Olivenöl
2 EL Balsamicoessig
1 kleine Knoblauchzehe
1 EL Nährhefe (optional)
½ TL Salz
1 EL Limettensaft
5 Basilikumblättchen
125 g Erdbeeren
½ TL rosa Pfefferkörner

Für den Salat:
100 g Rucola
1 große Avocado, in Scheiben
2 EL getrocknete Cranberrys (große Beeren halbiert)
100 g Litschis aus der Dose, abgetropft und geviertelt

Außerdem:
Olivenöl zum Beträufeln
ein paar rosa Pfefferkörner zum Garnieren

Für das Dressing alle Zutaten mit 2 EL kaltem Wasser in den Mixer geben und glatt pürieren. Die Salatzutaten auf Tellern anrichten, mit etwas Olivenöl beträufeln. Auf jede Salatportion etwas Dressing geben oder das Dressing separat dazu reichen. Die Pfefferkörner leicht zerstoßen und den Salat damit garnieren.

Gebratener Blumenkohl in Garam Masala mit Mango-Joghurt-Dip

Für 4–6 Portionen

Dieses Gericht ist einfach und schnell zubereitet, doch das sieht man ihm gar nicht an. Blumenkohl kostet nicht viel – investieren Sie das Ersparte dafür in ein hochwertiges aromatisches Mangochutney. Die Blumenkohlröschen werden erst in den Mango-Joghurt-Dip und dann in die gehackten Mandeln getaucht und schmecken einfach himmlisch!

Für den Blumenkohl:
500 g Blumenkohl, in walnussgroßen Röschen
5 EL Erdnuss- oder Kernöl
1 EL Garam Masala
1 TL gemahlener Kreuzkümmel
Salz und frisch gemahlener schwarzer Pfeffer
2 Knoblauchzehen, fein gehackt
75 g ganze ungeschälte Mandeln oder Mandelblättchen, jeweils geröstet
75 g Koriander, die Blättchen grob gehackt

Für den Mango-Joghurt-Dip:
100 g Mangochutney (selbst gemacht S. 188)
50 g griechischer Joghurt
ein paar Schwarzkümmelsamen

Den Backofen auf 180 °C vorheizen. Die Blumenkohlröschen in eine große Schüssel geben und mit Öl, Gewürzen und Knoblauch gründlich vermengen. Die Röschen auf einem mit Backpapier ausgelegten Blech verteilen und ca. 30 Minuten im Ofen rösten, bis sie weich sind.

Inzwischen für den Dip die groben Stücke im Chutney, falls vorhanden, von Hand oder im Mixer klein hacken. Chutney und Joghurt mischen, in eine kleine Schüssel füllen und mit Schwarzkümmel bestreuen.

Die Mandeln grob hacken und in eine zweite kleine Schüssel geben. Den gerösteten Blumenkohl auf einer großen Servierplatte anrichten, mit Koriander garnieren und mit Mango-Joghurt-Dip und gehackten Mandeln servieren.

Koreanischer Grapefruit- und Erdbeersalat

Für 4 Portionen

Hangawi, Terri Chois vegetarisches koreanisches Restaurant, ist eine bezaubernde Oase mitten in New York. Dort haben wir mal einen ähnlichen Salat wie diesen hier gegessen, der mit seinen knusprig-cremigen frittierten Avocadostücken einfach genial geschmeckt hat. Als süßsaure Komponente fügen wir noch Grapefruit hinzu.

Terri machte mich außerdem mit flüssigen Aminosäuren als gesunde Alternative zu Sojasoße bekannt. Man kann sie im Internet bestellen. Der Geschmack ist einzigartig: fruchtig, würzig und sehr angenehm.

Ich serviere diesen Salat gerne als Vorspeise zu einer Dinnerparty. Er lässt sich gut vorbereiten und kalt stellen, bis die Gäste da sind. Kurz vor dem Servieren kommen dann noch frische Avocado, Rucola und die Vinaigrette dazu. Die frittierten Avocadostücke können kurz im Backofen aufgewärmt und obenauf gelegt werden.

Für die Vinaigrette:
ca. 2 EL Reisessig, nach Belieben mehr
2 EL ungeröstetes Sesamöl (alternativ Erdnuss- oder Traubenkernöl)
ca. 2 EL flüssige Aminosäuren oder helle Sojasoße, nach Belieben mehr
2 TL geröstete Sesamsamen, gemahlen
ca. 1 TL milder Honig oder Ahornsirup (als vegane Alternative), nach Belieben mehr

Für die knusprigen Avocadostücke:
50 g Mehl oder Reismehl (als glutenfreie Alternative)
100 ml Mineralwasser (mit Kohlensäure)
250 ml Erdnuss- oder Kernöl zum Frittieren
1 Avocado, in 1,5 cm großen Würfeln
Salz

Für den Salat:
1 Pink Grapefruit
8 Erdbeeren, in Scheiben
1 große Möhre, in hauchdünnen Scheiben
1 Avocado, in mundgerechten Stücken
1 Handvoll Rucola
2 Frühlingszwiebeln, fein gehackt
1 EL geröstete Sesamsamen

 bei Verwendung von Reismehl und flüssigen Aminosäuren

 bei Verwendung von Ahornsirup und Aminosäuren

Für den Salat die Grapefruit schälen und filetieren. Dabei den Saft auffangen und mit allen Zutaten für die Vinaigrette in eine Schüssel geben, gut verrühren und nach Belieben abschmecken.

Für die knusprigen Avocadostücke Mehl oder Reismehl mit Mineralwasser verrühren. Das Öl in einer kleinen hohen Pfanne so lange erhitzen, bis sich ein Brotstückchen darin frittieren lässt. Die Hitze etwas reduzieren, die Avocadowürfel in der Mehlmischung wenden und 3–5 Minuten im Öl frittieren, bis sie leicht gebräunt sind. Auf Küchenpapier abtropfen lassen und mit etwas Salz bestreuen. Vor dem Servieren kurz im Backofen erwärmen.

Die Salatzutaten bis auf den Sesam auf vier Teller verteilen und mit der Vinaigrette mischen. Die warmen Avocadostücke obenauf legen und den Salat mit Sesam garniert servieren.

Italienischer Meeresfrüchtesalat

Für 6–8 Portionen

Am besten schmeckt dieser Salat, wenn er schon am Vortag zubereitet wird, denn so können Meeresfrüchte und Fisch länger ziehen und die vielen leckeren mediterranen Aromen annehmen. Servieren Sie ihn mit reichlich Brot zum Auftunken der Marinade oder mit gekochtem und abgekühltem Reis.

500 g weißfleischiges Fischfilet, z. B. von Wolfsbarsch oder Brasse
500 g gemischte Meeresfrüchte, u. a. geschälte Garnelen, Jakobsmuscheln und Tintenfische, küchenfertig
2 EL Weißweinessig
ca. 2 EL Zitronensaft, nach Belieben mehr
150 ml Olivenöl
½–1 rote Chilischote, je nach Geschmack, in Ringen
1 Handvoll grüne oder schwarze Oliven, entsteint
1 Knoblauchzehe, fein gehackt
1 Möhre, in feinen Streifen
½ rote Paprikaschote, in feinen Streifen
4 große oder 8 kleine getrocknete Tomaten, in feinen Streifen (optional)
1 Stange Staudensellerie, in feinen Streifen
ein paar frische Oreganoblättchen oder ½ TL getrockneter Oregano

Außerdem:
Salz und frisch gemahlener schwarzer Pfeffer
glatte Petersilie zum Garnieren
Baguette oder anderes knuspriges Brot zum Servieren (optional)

 wenn ohne Brot serviert

Die Fischfilets in leicht gesalzenem kochendem Wasser 2–4 Minuten pochieren, bis sie knapp durchgegart sind. Mit einem Schaumlöffel aus dem Wasser heben und abkühlen lassen. Die Filets in mundgerechte Stücke teilen. Die Meeresfrüchte ggf. putzen, die Tintenfische in 1 cm große Stücke schneiden. Alle Meeresfrüchte 2–4 Minuten im Fischwasser kochen, bis sie gerade gar sind. Abtropfen und abkühlen lassen.

Essig, Zitronensaft und Olivenöl verrühren. Die übrigen Zutaten mit Fisch, Meeresfrüchten und der Marinade in eine Schüssel geben und behutsam vermengen. Den Salat am besten über Nacht im Kühlschrank ziehen lassen. Am nächsten Tag mit Salz, Pfeffer und Zitronensaft abschmecken. Mit Petersilie garnieren und nach Belieben mit knusprigem Brot servieren. In einem luftdichten Behälter hält sich der Salat im Kühlschrank bis zu 3 Tage.

Gegrillter Tintenfisch & Kartoffeln mit grünen Semmelbröseln

Für 6 Portionen

Weicher Tintenfisch und zerbröselte Kartoffeln bilden reizvolle Kontraste zu knusprigen Semmelbröseln und Zitronendressing. Dieser Salat eignet sich perfekt als leichtes Mittagessen oder Vorspeise. Die grünen Semmelbrösel lernten wir auf Sizilien kennen, wo sie zu Oktopus und Tomatenpasta serviert wurden. Weil sie sich gut einfrieren lassen, können Sie übrig gebliebene Brösel verschlossen in einem Zipbeutel bis zu 3 Monate im Gefrierfach aufbewahren.

Für den Salat:

1 mittelgroße Kartoffel oder 6 Frühkartoffeln mit Schale
300 g Tintenfisch, küchenfertig, in Ringen, kleinere Fangarme bleiben ganz
2 EL Olivenöl
2 Frühlingszwiebeln, fein gehackt
2 EL in Salz oder Essig eingelegte Kapern, gut abgespült und ggf. grob gehackt
1 große Handvoll Salatblätter oder Kräuter
½–1 gelbe Paprikaschote, in Streifen

Für die grünen Semmelbrösel:

50 g Weißbrot, weißes Landbrot oder glutenfreies Brot
20 g gemischte frische Kräuter, z. B. glatte oder krause Petersilie, Majoran, Oregano und Thymian
2 EL Olivenöl
Abrieb von 1 Bio-Zitrone

Für das Zitronendressing:

4 EL Zitronensaft
8 EL Olivenöl

Außerdem:

Salz und frisch gemahlener schwarzer Pfeffer

 bei Verwendung von glutenfreiem Brot

Für den Salat die Kartoffel oder Frühkartoffeln in kochendem Salzwasser je nach Größe weich garen. Abkühlen lassen, dann pellen. (Frühkartoffeln können mit Schale weiterverarbeitet werden.)

Den Backofen auf 150 °C vorheizen. Ein Backblech mit Backpapier auslegen.

Für die grünen Semmelbrösel Brot, Kräuter, Salz und Pfeffer im Mixer pürieren. In eine Schüssel geben und mit dem Olivenöl und dem Zitronenabrieb vermengen. Die Semmelbrösel auf dem Backblech verteilen und in ca. 5 Minuten knusprig rösten. Währenddessen die Kartoffeln in mundgerechte Stücke zerbröseln.

Den Holzkohlegrill anheizen, alternativ den Backofengrill auf höchste Stufe vorheizen. Den Tintenfisch in einer Aluschale oder einer Backform mit Olivenöl vermengen und mit Salz und Pfeffer würzen. Dann 3–5 Minuten auf bzw. unter den Grill stellen, bis der Tintenfisch gerade durchgegart und leicht gebräunt ist. Zwischendurch einmal wenden.

Für das Dressing Zitronensaft und Olivenöl mischen. Die übrigen Salatzutaten und die zerbröselten Kartoffeln mit dem Dressing vermengen und auf Tellern anrichten. Die Tintenfischringe darauflegen und mit den Semmelbröseln bestreuen.

Pochierte Thai-Garnelen, Möhren & Koriander

Für 2–4 Portionen

Dieser leichte Salat eignet sich als köstliche Vorspeise, aber auch als Teil eines vietnamesischen oder thailändischen Buffets. Die Zubereitung ist einfach und dauert keine zehn Minuten. Ich verdanke dieses Rezept Susie Jones, die Kambodschanerin ist, aber das Kochen in Thailand lernte. Sie schenkte mir eine Tulsi-Staude und riet mir, immer ein paar Blätter in meine Salate zu geben. Die auch als Indisches Basilikum bekannte Pflanze ist mit Minze verwandt und soll antibakteriell und entspannend wirken.

Für den Salat:

175 g rohe geschälte Tiger Prawns, küchenfertig
½ Stängel Zitronengras, fein geschnitten
ein paar Blättchen Thai-Basilikum (alternativ herkömmliches Basilikum), fein geschnitten
ein paar Blätter Tulsi (optional)
1 kleine Möhre, in langen dünnen Streifen
2 Radieschen, in sehr dünnen Scheiben
1 Knoblauchzehe, sehr fein gehackt
1 kleine rote Chilischote, sehr fein gehackt
2 Korianderstängel, die Blätter grob zerzupft

Für das Dressing:

Saft von ½ Zitrone oder 1 Limette
½ TL milder Honig
¼ TL Salz

Die Garnelen in 1–2 Minuten in einem Topf mit kochendem Wasser pochieren. Anschließend in einem Sieb abtropfen und abkühlen lassen.

Für das Dressing alle Zutaten in eine große Schüssel geben und verrühren. Die Salatzutaten zufügen, alles gut vermengen und servieren.

Vietnamesische Frühlingsrollen

Für 6 Portionen

Diese leichten Frühlingsrollen schmecken gut mit dem vietnamesischen Dip Nuoc Cham (S. 19). Man kann sie in Kern- oder Nussöl goldbraun frittieren, aber wir mögen sie unfrittiert mit ihrer knackigen rohen Gemüsefüllung am liebsten. Für eine vegetarische Version kann man die Garnelen durch Tofu, Rote Bete oder Gurke ersetzen. Probieren Sie die erste Frühlingsrolle, bevor sie alle weiteren zubereiten, um ggf. nachzuwürzen.

50 g Reisnudeln

Salz

2 TL neutrales Öl, z. B. Traubenkern- oder Erdnussöl

18 Frühlingsrollenblätter

1 kleines Bund Koriander, Blättchen abgezupft

1 kleines Bund Minze, Blättchen abgezupft

1 Möhre, grob geraspelt

225 g geschälte King Prawns, gekocht

Saft von 1 Limette

3 EL Chilisoße oder 2 EL fein gehackte rote oder grüne Chilischote

Außerdem

Vietnamesischer Dip Nuoc Cham (S. 19) zum Servieren

Die Nudeln 8–10 Minuten in kochendem Salzwasser ziehen lassen, bis sie weich sind. Anschließend abschrecken und abtropfen lassen. Die Reisnudeln mit dem Öl vermengen, damit sie nicht aneinanderkleben, und beiseitestellen.

Ein nasses sauberes Geschirrtuch ausbreiten und alle Zutaten bereitlegen. Ein Teigblatt auf das Geschirrtuch pressen, um es anzufeuchten und weich werden zu lassen. Etwas unterhalb der Teigblattmitte etwas Koriander, Minze, Möhre und ein paar Garnelen aufhäufen, dann etwas Limettensaft und Chilisoße darüberträufeln. Das Teigblatt halb zusammenrollen, die Enden einschlagen und dann so weiterrollen, dass von der Füllung nichts herausfallen kann. Diesen Vorgang für die übrigen Frühlingsrollen wiederholen. Mit Nuoc-Cham-Dip servieren.

Rote Bete & Lachs-Tiradito

Für 6 Portionen

Unter einem »Tiradito«, das ursprünglich aus Peru stammt, versteht man heutzutage etwas Ähnliches wie unter Ceviche. Früher unterschieden sich beide Gerichte darin, dass der Fisch für Ceviche gewürfelt und der für Tiradito in Scheiben geschnitten wurde. Die Einwanderung von Tausenden von Japanern nach Peru im 19. Jahrhundert hatte zur Folge, dass heute auch Ceviche in Scheiben geschnittenen Fisch enthält. Tiradito ist leichter als Ceviche, und die Tigermilch, die typische Marinade, enthält für gewöhnlich keine Zwiebeln. Die Soße wird separat serviert, sodass sich jeder nach Geschmack bedienen kann.

Dieses Rezept stammt von Adam Rawson, einem hervorragenden jungen Koch. Er verwendet gerne exotische Zutaten wie Kochbananen und Riesenmaiskolben in Kombination mit europäischen Produkten wie Meerrettich anstelle von Wasabi. Die Rote Bete steuert eine knackige Komponente bei, und ihre natürliche Süße gleicht die Säure des Limettensafts aus.

Für das Tiradito:
½ kleine rote Zwiebel, fein gehackt
1 Rote-Bete-Knolle, in 5 mm großen Würfeln
½–1 rote Chilischote, je nach Geschmack, fein geschnitten
Saft von 1 Limette
400 g sehr frisches Lachsfilet ohne Haut und Gräten, in feinen Scheiben
1 Avocado
Meersalzflocken
2 EL Olivenöl
1 kleine Handvoll Blätter, z. B. von junger Roter Bete, Brunnenkresse oder Kresse
1 EL Schwarzkümmelsamen

Für die Rote-Bete-Tigermilch:
250 ml Rote-Bete-Saft
Saft von 2 Limetten
2 EL Sojasoße
1 EL Reisessig
1–2 TL Wasabipulver oder -soße oder 1–2 TL fein geriebener Meerrettich, je nach Geschmack

Außerdem:
Salz und frisch gemahlener schwarzer Pfeffer
fein geriebener Meerrettich zum Garnieren (optional)

Für das Tiradito die gehackte Zwiebel in kaltes Wasser legen.

Für die Tigermilch den Rote-Bete-Saft in einer großen Pfanne bei niedriger Hitze um ⅓ auf ungefähr 160 ml einkochen, in einen Becher gießen und abkühlen lassen.

Die Rote-Bete-Würfel mit der Chili, der Hälfte des Limettensafts, Salz und Pfeffer vermengen.

Die restlichen Zutaten für die Tigermilch zum Rote-Bete-Saft geben. Mit Wasabi oder Meerrettich und Salz und Pfeffer scharf-würzig abschmecken. Die Marinade kann auch gut am Vortag zubereitet werden.

Den Lachs auf Teller oder flache Schalen verteilen. Die Avocado schälen, vom Kern befreien und in mundgerechte Stücke schneiden, dann auf dem Lachs anrichten und sofort mit dem übrigen Limettensaft beträufeln. Die Teller bis zum Servieren kalt stellen.

Kurz vor dem Servieren Lachs und Avocado mit Meersalzflocken und Pfeffer würzen, das Olivenöl darüberträufeln. Die Rote-Bete-Chili-Mischung und die Blätter darauf anrichten, mit abgetropften Zwiebeln und Schwarzkümmel bestreuen und nach Belieben mit Meerrettich garnieren. Das Tradito mit der Tigermilch servieren.

Einfache Ceviche, Weintrauben & Sellerie

Für 6 Portionen als Vorspeise

Dies ist noch ein Rezept von Adam Rawson, das er auf seinen Reisen in Lima kennenlernte. Diese einfache Ceviche wird mit einer Mischung aus Limettensaft, Chili und Salz zubereitet, die dünn geschnittenes Fischfilet innerhalb von Minuten »gart« und seine transparente graurosa Farbe in mattes Weiß verwandelt. Die im Fischfleisch enthaltenen Proteine denaturieren durch die Säure der Zitrusfrucht.

Für diese Zubereitungsart muss der Fisch wirklich frisch sein. Viele Restaurants frieren ihn 24 Stunden bei -20 °C ein, um mögliche Parasiten abzutöten. In einem normalen Haushalt ist das nicht so leicht zu bewerkstelligen, doch Ihr Fischhändler kann das für Sie übernehmen – oder sie entscheiden sich für tiefgekühlten Fisch.

Zu diesem Gericht werden gerne gekochte Zuckermaiskolben oder aber ein Schüsselchen geröstete Maiskörner serviert, denn der süßliche Mais bildet einen willkommenen Kontrast zu Limettensaft und Salz.

4 x 125 g frische Meerbrassenfilets ohne Haut und Gräten
(alternativ frische Wolfsbarsch- oder Schellfischfilets)
½–1 TL Selleriesalz
Saft von 2 Limetten
2 Stangen Staudensellerie, schräg in feine Scheiben geschnitten, plus 1 Handvoll Sellerieblätter
100 g kernlose grüne Weintrauben, halbiert
¼–½ Jalapeño oder scharfe grüne Chilischote, je nach Geschmack, in feinen Ringen
1 kleine Handvoll Korianderblättchen
1 TL rosa Pfefferkörner, leicht zerstoßen

Fisch mit einem scharfen Messer schräg im 45°-Winkel in ca. 3 mm dünne Scheiben schneiden und auf eine große Servierplatte legen.

Die Fischscheiben mit Selleriesalz bestreuen und mit Limettensaft begießen. Dann Selleriescheiben und -blätter, Weintrauben, Jalapeño oder Chili, Koriander und Pfefferkörner darüberstreuen und die Ceviche sofort servieren.

Ceviche vom Wolfsbarsch mit Süßkartoffel & Koriander

Für 6 Portionen als Vorspeise

Ich verdanke auch dieses Rezept Adam Rawson, dem früheren Chefkoch des modernen peruanischen Restaurants Pachamama. Die Peruaner essen Ceviche gerne als leichtes erfrischendes Frühstück. Einen Schuss der übrig gebliebenen Marinade, die sie Tigermilch nennen, kann man auch so trinken; angeblich hilft das gegen Kater. Die Tigermilch entstand aus einer ursprünglich einfachen Mischung von Limettensaft und Salz, die je nach Rezept mit gemahlenen Fischgräten, weiteren Zitrusfrüchten und manchmal auch Knoblauch und Gewürzen vermischt wurde. Von dieser Marinade sollte reichlich vorhanden sein, da der Fisch von allen Seiten komplett bedeckt sein muss.

Wichtig bei der Zubereitung von Ceviche ist die Ausgewogenheit der einzelnen Geschmackskomponenten: Die Säure der Zitrusfrüchte sollte immer mit etwas Süßem ausgeglichen werden, z. B. mit Zuckermais, Roter Bete oder Süßkartoffelwürfeln.

Für die Ceviche:
½ kleine rote Zwiebel, fein gehackt
1 kleine Süßkartoffel, in 1 cm großen Würfeln
Meersalzflocken und frisch gemahlener schwarzer Pfeffer
2 EL Olivenöl
4 x 125 g frische Wolfsbarsch- oder Meerbrassenfilets ohne Haut und Gräten
4 kleine Radieschen, in Scheiben
½–1 rote Chilischote, je nach Geschmack, fein geschnitten
1 kleine Handvoll Queller oder Rucola
Korianderblättchen zum Garnieren

Für die Tigermilch:
Saft von 2 Limetten
½ kleine rote Zwiebel
¼–½ rote Chilischote, je nach Geschmack
1 Stängel Zitronengras, in groben Stücken
1 Tomate
1 Stange Staudensellerie, in groben Stücken
1 Stück frischer Ingwer (2 cm)
1 kleine Knoblauchzehe
½ TL Salz

Den Backofen auf 200 °C vorheizen. Für die Ceviche die fein gehackte Zwiebel in kaltes Wasser legen.

Alle Zutaten für die Tigermilch in einem Mixer glatt pürieren. 15 Minuten ziehen lassen, anschließend durch ein Sieb in ein Schraubglas gießen. Bis zum Servieren im Kühlschrank aufbewahren. Die Tigermilch kann auch gut am Vortag zubereitet werden.

Die Süßkartoffelwürfel mit Meersalzflocken und Pfeffer würzen und mit dem Olivenöl vermengen. Auf einem mit Backpapier ausgelegten Blech in ca. 15 Minuten im Ofen goldgelb backen, bis sie gar sind, dann abkühlen lassen.

Den Fisch mit einem scharfen Messer schräg im 45°-Winkel in ca. 3 mm dünne Scheiben schneiden und nebeneinander auf einem großen tiefen Teller anrichten. Bis zum Servieren kalt stellen.

Die Zwiebel abtropfen lassen und auf Küchenpapier ausbreiten. Mit Süßkartoffel, Radieschen, Chili und Queller oder Rucola in eine große Schüssel geben und alles behutsam vermengen.

Den Fisch aus dem Kühlschrank nehmen und mit etwas Salz und Pfeffer bestreuen. 15 Sekunden ziehen lassen, dann die Tigermilch darübergießen, sodass sie den Fisch komplett bedeckt. (Übrig gebliebene Tigermilch kann im Kühlschrank ein paar Tage aufbewahrt werden.) Den Fisch ca. 5 Minuten ziehen lassen, bis er sich milchigweiß verfärbt. Den Süßkartoffelsalat darauf anrichten, mit Korianderblättern garnieren und sofort servieren.

Glücksdip

Für 10–12 Portionen

Dieser leckere Vorspeisendip trägt einen lustigen Namen, der von ein paar Freundinnen erfunden wurde. Karin, eine dieser Freundinnen, zeigte mir, wie man ihn zubereitet. Er besteht aus mehreren Komponenten: Guacamole, saure Sahne und Bohnenmus vereinen sich mit pikanter Tomatensoße, geriebenem Käse und Salat. Dazu werden knusprige Tortillachips zum Dippen gereicht. Um Zeit zu sparen, können Sie das Bohnenmus fertig kaufen, die Guacamole und die Tomatensalsa sollten Sie jedoch auf jeden Fall selbst zubereiten. Glauben Sie mir: Die Mühe lohnt sich!

Für das Bohnenmus:
3 EL Olivenöl
1 große Zwiebel, fein gehackt
3 Knoblauchzehen, grob gehackt
2 Thymianzweige, die Blättchen abgezupft
800 g schwarze Bohnen oder Pintobohnen (Dose), abgetropft, oder 480 g getrocknete schwarze Bohnen oder Pintobohnen (s. u. Tipp), gekocht und abgetropft

Für Chips & Dips:
16–20 große weiche Tortillas
100 ml Olivenöl
1 Rezept Guacamole (S. 182)
300 g saure Sahne
1 Rezept Scharfe Tomatensalsa (S. 171)
150 g reifer Cheddar, grob gerieben
1 Handvoll grob gehackte Korianderblättchen

Außerdem:
Salz und frisch gemahlener schwarzer Pfeffer

Für das Bohnenmus das Olivenöl in einer Pfanne mit dickem Boden erhitzen. Die Zwiebel in ca. 5 Minuten glasig schwitzen, dann Knoblauch und Thymian zugeben und alles weitere 5 Minuten braten. Bohnen und 200 ml Wasser (bei getrockneter Bohnen das Kochwasser verwenden) zugeben und aufkochen. Mit einem Kartoffelstampfer oder Pürierstab die Bohnen zu einem stückigen Mus verarbeiten. Eventuell etwas Wasser zufügen und das Mus mit Salz und Pfeffer abschmecken. Vom Herd nehmen und abkühlen lassen.

Den Backofen auf 200 °C vorheizen. Die Tortillas in ca. 5 cm breite Streifen schneiden und auf einem mit Backpapier ausgelegten Backblech verteilen, mit Olivenöl bepinseln und mit Salz und Pfeffer würzen. Die Tortillachips in ca. 5 Minuten goldbraun und knusprig backen.

Den Glücksdip in mehreren Schälchen oder einer großen Glasschüssel anrichten. Zuerst das Bohnenmus auf dem Boden verteilen, darauf Guacamole und saure Sahne schichten. Mit Tomatensalsa und geriebenem Käse bedecken, mit Koriander bestreuen und am besten sofort, spätestens aber nach 1 Stunde, mit den Tortillachips servieren.

Tipp:
Wenn man für das Bohnenmus getrocknete Bohnen verwendet, ergeben 240 g getrocknete Bohnen ca. 480 g gekochte Bohnen. Die Bohnen am Vorabend in reichlich kaltem Wasser einlegen. Die Bohnen am nächsten Tag in frischem Wasser weich garen. Abtropfen lassen und das Kochwasser für das Mus aufheben.

Knollensellerie, Radieschen & Manchego mit Trüffelöl

Für 4–6 Portionen

Hier kommt ein Salat für alle Jahreszeiten, für den jedes Gemüse verwendet werden kann, das sich zu hauchdünnen Scheiben oder Streifen verarbeiten lässt. Der Manchego (oder auch aus Schafsmilch hergestellter Pecorino) intensiviert das Aroma des Gemüses, sodass es sich gegen das geschmacksintensive Trüffelöl und die gehackten Walnüsse gut behaupten kann. Tolle Varianten dieses Salats sind Kombinationen aus Topinambur und Birne, Möhre und Roter Bete sowie verschiedenen Arten von Pilzen. Und statt Trüffelöl schmeckt hierzu auch Walnuss- oder Avocadoöl hervorragend.

50 g Walnusskernhälften
12 Stangen grüner Spargel
½ kleiner Knollensellerie
6 Radieschen
75 g Manchego
Salz und frisch gemahlener schwarzer Pfeffer
3 EL Olivenöl
ein paar Tropfen Trüffelöl (von weißem Trüffel)

Den Backofen auf 180 °C vorheizen und die Walnüsse auf einem mit Backpapier ausgelegten Backblech verteilen. Ca. 6 Minuten im Ofen rösten, bis sie gebräunt sind.

Das Gemüse und den Käse getrennt voneinander mit einem Sparschäler, einem Gemüsehobel oder einem sehr scharfen Messer in feine Scheiben oder Streifen bzw. Späne schneiden. Eine Schicht fein geschnittenes Gemüse auf einer großen Servierplatte anrichten, mit Salz und Pfeffer würzen und mit Oliven- und Trüffelöl beträufeln. Eine weitere Schicht Gemüse und Käse daraufgeben, anmachen und so fortfahren, bis alle Zutaten aufgebraucht sind.

Die Walnüsse in einem Mörser grob zerstoßen oder mit einem Messer hacken und über den Salat streuen. Mit frisch gemahlenem Pfeffer garniert servieren.

LEICHTE VORSPEISEN

Chicorée, Piquillo-Paprika & Chorizo

Für 4 Portionen

Knackige Chicoréeblätter bilden die perfekte Basis für rauchige Chorizo und süße Paprika. Das Rezept für diesen würzigen katalanischen Salat stammt von unserer lieben Freundin und Lehrmeisterin Carolina Català-Fortuny, die ihn mal in einem Tapas-Kurs vorstellte. Die Salatblätter sorgen nicht nur für einen besonderen Geschmack und eine schöne Textur, sondern dienen gleichzeitig als Löffelersatz.

ca. 170 g Chorizo, in Scheiben oder zerkrümelt
6 Piquillo-Paprikaschoten (Glas), abgetropft und in dünnen Streifen
2 Knoblauchzehen, fein gehackt
12 schwarze Kalamata-Oliven, entsteint und halbiert
1 EL gehackte glatte Petersilie
2 EL trockener Sherry
3 Chicoréestauden
1 EL Sherryessig
3 EL Olivenöl
Salz und frisch gemahlener schwarzer Pfeffer

Die Chorizo in eine kalte Pfanne legen und bei mittlerer Hitze braten, bis sie etwas Farbe bekommen hat und das Fett ausgelassen ist. Paprika, Knoblauch, Oliven und Petersilie zugeben und ein paar Minuten mitbraten. Mit Sherry ablöschen und alles 3–4 Minuten reduzieren lassen. Die Mischung vom Herd nehmen und beiseitestellen.

8 bis 10 äußere Blätter der Chicoréestauden abnehmen, waschen, trocken tupfen und beiseitelegen. Die restlichen Blätter ebenfalls waschen, trocknen und in 1 cm breite Streifen schneiden. Dabei die holzigen Enden und Strünke entfernen. Die Chicoréestreifen mit der gebratenen Chorizo-Paprika-Mischung vermengen.

Für die Vinaigrette Essig und Öl verrühren und mit wenig Salz und Pfeffer würzen. Dabei nicht vergessen, dass die Chorizo schon sehr salzig ist.

Die ganzen Chicoréeblätter am äußeren Rand einer Servierplatte anrichten, die Salatmischung in der Mitte aufhäufen und sofort servieren.

3

Salate mit Fleisch & Geflügel

Altenglischer Hühnersalat mit Orangen & Beerertzen

Taboulé mit Lammschulter in Dattelkruste & Minz-Labné

Pfirsiche & Linsen mit Schweinelende

Coronation Chicken mit Litschis

Schinken & Selerie mit Orangenmarmeladen-Ingwer-Dressing

Ananas-Cashew-Reissalat mit Hula Pork & gerösteter Paprika

Fruchtiger Krautsalat mit knusprigem Südstaatenhähnchen & Chipotle-Creme

Hähnchen-Schawarma mit Salat, Koriander & Zitronen-Crème-fraîche

Perlhuhn & Artischocken mit Harissa-Soße

Hähnchen-Krautsalat

Obstsalat mit gebratener Ente & Fünf-Gewürze-Marinade

Entenconfit, knusprige Kartoffeln & Knoblauch

Asiatischer Regenbogen-Krautsalat & Salatwraps mit koreanischem Rindfleisch

Mexikanischer Rindfleischsalat

Tagliata mit Salsa verde, gegrillten Zwiebeln & Tomaten

Griechisches Zitronen-Hähnchen, Getreide & Feta mit Zaziki

Altenglischer Hühnersalat mit Orangen & Berberitzen

Für 6 Portionen

Auf der Suche nach alten Rezeptschätzen stieß ich auf ein Buch aus dem Jahr 1699. Der Autor John Evelyn schwärmt darin von wundervollen »Sallets« aus Kräutern, Blüten, Beeren und Früchten mit Essig-Öl-Vinaigrettes. In jedem von ihnen steckt mehr Fantasie als in der langweiligen gemischten Salaten, die man in durchschnittlichen Restaurants vorgesetzt bekommt.

Einer von Evelyns einfacheren Salaten eignet sich perfekt, um gegartes Hühnerfleisch, das vom Brathähnchen oder Brühekochen übrig geblieben ist, zu verwerten. Berberitzen und grüne Rosinen sind über das Internet, in guten Delikatessengeschäften oder in türkischen Lebensmittelläden erhältlich. Sie waren früher gebräuchliche Salatzutaten und haben einen angenehmen Biss und eine milde Säure. Wenn Sie keine Berberitzen finden, können sie auch ungesüßte getrocknete Cranberrys verwenden.

Für die Vinaigrette:

2 EL Rotwein- oder Apfelessig
5 EL Oliven- oder mildes Rapsöl
1 EL grober Senf
1–2 TL milder Honig, je nach Geschmack
Salz und frisch gemahlener schwarzer Pfeffer

Für den Salat:

500 g gegartes Hühnerfleisch, in mundgerechten Stücken
3 EL getrocknete Berberitzen, 30 Minuten in kaltem Wasser eingeweicht, abgetropft
25 g braune oder grüne Rosinen, 30 Minuten in kaltem Wasser eingeweicht, abgetropft
3 EL Estragonblättchen
2 EL grob zerzupfte glatte Petersilie
1 große Handvoll Salatblätter, z. B. Portulak, Kleiner Wiesenknopf oder Brunnenkresse
25 g Mandelblättchen, geröstet
2 Orangen, in Scheiben

Alle Zutaten für die Vinaigrette verrühren und mit Salz und Pfeffer abschmecken.

Die Salatzutaten in eine große Schüssel füllen und die Vinaigrette darübergießen. Alles behutsam vermengen und 30 Minuten ziehen lassen. Vor dem Servieren noch etwas frischen Pfeffer darübermahlen.

Taboulé mit Lammschulter in Dattelkruste & Minz-Labné

Für 6–8 Portionen

Die Zubereitung der Lammschulter ist von der marokkanischen Küche inspiriert, in der Fleisch häufig mit Trockenfrüchten geschmort wird. Dort verwendet man oft eine besondere geklärte Butter namens »Smen«, wir nehmen hier aber gewöhnliche gesalzene Butter. Vermischt mit Datteln und Gewürzen, entsteht eine klebrig-süße, würzige Kruste auf dem Lammfleisch, das mit Joghurt und Minze ganz ausgezeichnet schmeckt. Reichen Sie dazu Quinoa-Kabsa mit Kernen & Rosinen (S. 164), Fatoush (S. 161), Marokkanische Auberginen-Tomaten-Pfanne (S. 159) und Vichy-Mören mit Ingwer (S. 181). Statt mit rosenscharfer Paprika können Sie auch mit 1 TL Chiliflocken würzen, aber nehmen Sie kein geräuchertes Paprikapulver, das den Geschmack des Lammfleischs überlagern würde.

Das Taboulé-Rezept stammt von unserer Freundin Amal. Ihre Familie isst es mithilfe von Salatblättern, in die das Taboulé eingerollt wird. Amal verwendet hierfür erstaunlich wenig Bulgur, denn im Grunde ist es ein Petersiliensalat. Für eine glutenfreie Variante kann man statt Bulgur Quinoa verarbeiten. Taboulé wird zu jeder Jahreszeit anders zubereitet: Dies hier ist eine Sommerversion. Im Winter kommen anstatt der Tomaten und Frühlingszwiebeln geriebener Knollensellerie, Fenchel, Walnüsse und Granatapfelkerne hinein.

Für Fleisch und Kruste:

1 Lammschulter mit Knochen (ca. 2 kg)
10 Medjool-Datteln, entsteint
100 g weiche gesalzene Butter
5 Knoblauchzehen, zerdrückt
2 TL frische oder getrocknete Thymianblättchen
2 TL getrockneter Oregano
2 TL Zimt
2 TL rosenscharfes Paprikapulver
½–1 TL Chilipulver, je nach Geschmack
Salz und frisch gemahlener schwarzer Pfeffer

Für das Taboulé:

100 g grober Bulgur oder Quinoa (als glutenfreie Alternative)
1 große Handvoll fein gehackte glatte Petersilie (ca. 35 g)
200 g Kirsch- oder Strauchtomaten, grob gehackt, plus ein paar extra zum Garnieren
125 g Gurke, in Würfeln
5 Frühlingszwiebeln (alternativ ½ rote Zwiebel oder ½ Schalotte), fein gehackt
1 kleine Handvoll fein gehackte Minzblättchen plus 10 grob zerzupfte Blättchen zum Garnieren
2 Romanasalatherzen, geputzt und in einzelne Blätter zerteilt

Für die Vinaigrette:

1 Knoblauchzehe, fein gehackt
Saft von 1 Zitrone
4 EL Olivenöl
3 EL Granatapfelsirup
1 EL Rotweinessig
1 TL Sumach
ca. 1 TL Zucker (optional)

Für das Minz-Labné:

300 g griechischer Joghurt oder Labné (S. 202)
1 kleine Handvoll fein gehackte Minzblättchen
1 kleine Handvoll fein gehackte glatte Petersilie
1 Knoblauchzehe, fein gehackt
¼ rote Chilischote, fein gehackt
Salz und frisch gemahlener schwarzer Pfeffer
1 Handvoll grob gehackte Walnusskerne und/oder Pinienkerne, geröstet
Chilipulver zum Garnieren

 bei Verwendung von Quinoa

Den Backofen auf 220 °C vorheizen. Die Lammschulter ca. 30 Minuten Zimmertemperatur annehmen lassen, damit sie gleichmäßig gart. Das Fleisch parieren, ohne das Fett von der Oberseite zu entfernen.

Für die Kruste Datteln, Butter, Knoblauch, Kräuter, Gewürze, 1 TL Salz und etwas Pfeffer mit 200 ml Wasser in einem Mixer zu einer dicken, klebrigen Paste verarbeiten. Die Unterseite der Lammschulter mit Salz und Pfeffer würzen und das Fleisch in einen Bräter legen. Die Oberseite mit Küchenpapier trocken tupfen und mit der Dattelpaste bestreichen. Dabei die gesamte Paste verbrauchen.

200 ml kaltes Wasser in den Bräter gießen, den Deckel auflegen und das Fleisch in den Ofen geben. Nach 10 Minuten die Ofentemperatur auf 170 °C reduzieren und die Lammschulter 2 Stunden schmoren. Anschließend prüfen, ob noch genügend Flüssigkeit im Bräter vorhanden ist, wenn nicht, 100 ml Wasser zugießen und das Fleisch ca. 1 weitere Stunde schmoren, bis es zart ist, fast zerfällt und sich leicht vom Knochen lösen lässt.

Für das Taboulé den Bulgur in ca. 10 Minuten in köchelndem Wasser weich garen. Abtropfen und auf einem großen flachen Teller abkühlen lassen. (Quinoa nach Packungsanweisung zubereiten und wie den Bulgur abkühlen lassen.)

Für die Vinaigrette alle Zutaten mischen und nach Belieben mit Zucker abschmecken.

Bulgur oder Quinoa in eine große Schüssel geben und die übrigen Taboulézutaten mit Ausnahme der Salatblätter zufügen. Die Vinaigrette behutsam untermengen. Das Taboulé auf einer Servierplatte anrichten und mit den zusätzlichen Kirschtomaten und Minzblättchen garnieren. Die Salatblätter ringsherum verteilen.

Für das Minz-Labné Joghurt oder Labné in einer Schüssel mit Kräutern, Knoblauch und Chili mischen und mit Salz und Pfeffer würzen. Mit Nüssen oder Pinienkernen und Chilipulver garnieren und kalt stellen.

Das Lamm aus dem Ofen nehmen und in Alufolie gewickelt und mit Geschirrtüchern abgedeckt 20 bis max. 45 Minuten ruhen lassen. Anschließend das Fleisch mithilfe von zwei Gabeln auseinanderzupfen und auf einer vorgewärmten Servierplatte anrichten. Mit Minz-Labné und Taboulé servieren.

Pfirsiche & Linsen mit Schweinelende

Für 4–6 Portionen

Die Kombination von Schweinefleisch und Fenchelsamen hat in Italien bereits seit römischer Zeit Tradition. Fenchel wächst praktisch überall und bringt Unmengen gelber Blüten hervor. In England ziehen wir Fenchel als Zierpflanze, während er in Italien gegessen wird. Andere Länder, andere Sitten!

Für das Fleisch:

1 EL Fenchelsamen

1 Knoblauchzehe, fein gehackt

1 TL feines Meersalz

1 Schweinelende (ca. 600 g)

1 EL Olivenöl

Für das Dressing:

Saft von 1 Zitrone

4 EL Olivenöl

Salz und frisch gemahlener schwarzer Pfeffer

Für den Salat:

390 g Puy-Linsen (Dose; alternativ andere grüne Linsen aus der Dose), gewaschen und abgetropft

60 g weiche Trockenpflaumen, grob gehackt

2 EL fein gehackte glatte Petersilie

75 g frischer Spinat, Grünkohl, Kopfsalat, Senfblätter oder Rucola

2 Pfirsiche mit Haut, in 12 Spalten

2 EL Dill oder Fenchelgrün, gehackt

Die Fenchelsamen im Mörser zerstoßen und mit Knoblauch und Salz auf ein Stück Backpapier streuen. Das Fleisch parieren und in der Fenchelmischung auf dem Backpapier wenden. Das Backpapier mit der Lende zusammenrollen, auf einen Teller legen und das Fleisch für mind. 30 Minuten (max. 1 Tag) im Kühlschrank ziehen lassen.

Den Backofen auf 180 °C vorheizen. Die Schweinelende aus dem Kühlschrank nehmen und Zimmertemperatur annehmen lassen.

Für das Dressing Zitronensaft und Olivenöl verrühren und mit Salz und Pfeffer würzen.

Die Linsen sollten Zimmertemperatur haben oder in einem Topf bei geringer Hitze leicht angewärmt werden. Linsen, Pflaumen und Petersilie vermengen und die Hälfte des Dressings untermischen, die übrige Hälfte beiseitestellen. Die Linsenmischung auf einer Servierplatte mit Salatblättern, Pfirsichspalten und Dill oder Fenchelgrün anrichten.

Das Olivenöl in einer großen beschichteten Pfanne erhitzen. Sobald es heiß ist, die Schweinelende von allen Seiten scharf anbraten, dann in einen Bräter legen und in 12–15 Minuten im Ofen garen. Anschließend in Alufolie und Geschirrtücher wickeln und 10 Minuten ruhen lassen. Dann in ca. 1 cm dicke Scheiben schneiden, auf dem Salat anrichten und mit Bratensaft und dem restlichen Dressing übergießen. Sofort servieren.

Coronation Chicken mit Litschis

Für 6–8 Portionen

Coronation Chicken war möglicherweise das erste »TV-Dinner« Großbritanniens. Es wurde in den 1950er-Jahren von Rosemary Hume entwickelt. Die Briten sollten es essen, während sie auf ihren Schwarz-Weiß-Fernsehern die Krönung Elisabeths II. mitverfolgten.

Das Hähnchen schmeckt einfach köstlich, und die Zutaten hierfür sind leicht aufzutreiben. Man kann auch gut übrig gebliebenes gekochtes Hähnchen- oder Putenfleisch verwerten (und in diesem Fall die Anleitung für das Garen des Fleischs einfach übergehen). Wir nehmen für unser Coronation Chicken oft Suppenhuhn, aus dem wir zuvor Brühe gekocht haben. Anschließend würzen wir die Brühe und verwenden sie für Couscous oder für den Reis aus unserem Quinoa-Kabsa (S. 164). Leuchtend orangefarbene getrocknete Aprikosen verdanken ihre frische Farbe Schwefeldioxid, mit dem sie behandelt wurden. Deshalb ziehen wir die dunkleren getrockneten Bio-Aprikosen vor.

Coronation Chicken wird traditionell mit Salatblättern serviert, passt aber auch gut zu den indischen Gerichten auf den Seiten 144–145.

Für das Huhn:
1 Möhre, längs halbiert
2 Sellerieherzen mit Blättern oder nur 1 Handvoll Sellerieblätter
1 kleine weiße Zwiebel, halbiert
1 Lorbeerblatt
900 g Hähnchenbrust oder -schenkel ohne Haut und Knochen oder 900 g gekochtes Hühnerfleisch

Für den Salat:
25 g Mandelblättchen
150 g getrocknete Bio-Aprikosen, gedrittelt
400 g Litschis aus der Dose, abgetropft und geviertelt
1 kleine Handvoll Koriander, die Blättchen grob gehackt

Für die Soße:
500 g griechischer Joghurt
300 g Mayonnaise (selbst gemacht S. 21)
3 EL mittelscharfes Currypulver
Salz und frisch gemahlener schwarzer Pfeffer

Möhre, Sellerie, Zwiebel und Lorbeer in einen großen Topf geben und so viel Wasser zufügen, dass alles ca. 10 cm hoch mit Flüssigkeit bedeckt ist. Das Wasser mit geschlossenem Deckel aufkochen, dann das Fleisch zugeben. Alles wieder zum Kochen bringen und offen garen. Dies dauert je nach Größe und verwendetem Fleischstück 15–25 Minuten. Hähnchenbrüste oder -schenkel sollten im Ganzen gekocht werden, damit sie nicht an Geschmack verlieren. Das gegarte Fleisch abtropfen und abkühlen lassen. Anschließend in mundgerechte Stücke zupfen.

Die Mandeln in einer Pfanne oder im Backofen bei 180 °C in 5 Minuten goldbraun rösten, dabei mehrmals wenden.

Alle Zutaten für die Soße mischen und mit Salz und Pfeffer abschmecken.

Das Hühnerfleisch mit Aprikosen, Litschis, Koriander und Soße mischen. Die Mandeln darüberstreuen.

Schinken & Sellerie mit Orangenmarmeladen-Ingwer-Dressing

Für 6 Portionen

Die Idee zu diesem leckeren Wintersalat verdanken wir Sarah Randells Orangenmarmeladen-Dressing, das ich in ihrem Kochbuch *Marmalade: A Bittersweet Cookbook* fand. Wir mischen das Dressing noch mit etwas Ingwer, wodurch es würziger wird.

Wir mögen diesen Salat am liebsten mit Graupen, die schön nussig schmecken und ordentlich Biss haben, doch Sie können hierfür auch jedes andere Getreide verwenden. Graupen sollten über Nacht eingeweicht werden, denken Sie also rechtzeitig daran. Man kann zu diesem Salat auch in Spalten geschnittene Bitterorange reichen oder ihn mit eingelegten Walnusskernen servieren.

Für den Salat:

150 g Graupen, Dinkel oder Quinoa (als glutenfreie Alternative)
1,5 l Fleischbrühe oder 1,5 l Wasser mit 1 TL Salz
300 g gekochter geräucherter Schinken
4 Frühlingszwiebeln, fein gehackt
2 Stangen Staudensellerie mit Blättern, schräg in feine Scheiben geschnitten
1 Handvoll grob gehackte glatte Petersilie

Für das Dressing:

Abrieb und Saft von 1 Bio-Zitrone oder Bio-Bitterorange, nach Belieben mehr
Saft von 1 Orange
3 EL Olivenöl
3 EL Orangen- oder Zitronenmarmelade
4 TL frisch geriebener Ingwer, nach Belieben mehr
Salz und frisch gemahlener schwarzer Pfeffer

 bei Verwendung von Quinoa

Die Graupen in so viel Wasser legen, dass die Flüssigkeit sie 5 cm hoch überragt, über Nacht einweichen.

Am nächsten Tag die Graupen abtropfen lassen und in einen großen Topf geben. Die Brühe oder das Salzwasser zufügen – es sollte die Graupen 5 cm hoch bedecken – und die Graupen in 15–20 Minuten weich kochen. Anschließend abtropfen und abkühlen lassen.

Den Schinken in mundgerechte Stücke teilen, Haut und Fett entfernen. Den Schinken mit den übrigen Salatzutaten und den abgekühlten Graupen in eine große Schüssel geben.

Für das Dressing alle Zutaten verrühren, dabei größere Fruchtstücke zerkleinern. Das Dressing mit Salz und Pfeffer würzen und nach Belieben mit mehr Zitrone, Orange oder Ingwer pikant abschmecken.

Den Salat mit dem Dressing vermengen, abschmecken und sofort servieren. Alternativ den Salat bis zum Servieren kalt stellen, um ihn gut durchziehen zu lassen. In diesem Fall der Salat vor dem Servieren 5 Minuten in der Mikrowelle oder mit Alufolie abgedeckt im auf 180 °C vorgeheizten Backofen 20 Minuten erwärmen.

Ananas-Cashew-Reissalat mit Hula Pork & gerösteter Paprika

Für 4 Portionen

Dies ist ein Lieblingsessen meiner Familie: zartes Schweinefleisch in einer warmen, klebrig-süßen Ananassoße. Das Fleisch wird gegart, bis es auseinanderfällt, in mundgerechte Stücke gezupft und mit Reissalat serviert. Diese Version beruht auf einem Rezept von Tieghan Gerard, einer kochbegeisterten jungen Bloggerin von www.halfbakedharvest.com, die ihr Hula Pork in Tacos anrichtet.

Der farbenfrohe, knackige Salat passt großartig zum Fleisch und braucht als Topping nur einen Spritzer Olivenöl. Er kann auch gut als vegetarische oder vegane Mahlzeit allein gegessen werden. Reichen Sie dann das Soja-Ingwer-Dressing (S. 18) dazu.

Für das Hula Pork:
500 ml Ananassaft
2 TL fein geriebener frischer Ingwer
2 dicke Knoblauchzehen, fein gerieben
150 ml Sojasoße oder Tamari (als glutenfreie Alternative)
150 g Tomatenketchup
4 EL Apfelessig
1–2 EL Sriracha- oder eine andere scharfe Soße, je nach Geschmack
2–2,5 kg Schweineschulter mit Knochen
3 rote Paprikaschoten, in langen Streifen
2 EL Olivenöl
Salz und frisch gemahlener schwarzer Pfeffer

Für den Ananas-Cashew-Reissalat:
300 g Vollkornreis
4 Kardamomkapseln, angedrückt
1 TL Salz
25 g Kokosraspel oder -flocken
100 g Cashewkerne, mind. 30 Minuten oder besser über Nacht in Wasser eingeweicht, abgetropft
300 g frische Ananas, in 5 mm dicken Scheiben
2 EL Kokos- oder Olivenöl
8 Frühlingszwiebeln, schräg in 2 cm große Stücke geschnitten
1 Handvoll grob gehackte Korianderblättchen
1 Handvoll grob gehackte glatte Petersilie
Salz und frisch gemahlener schwarzer Pfeffer

 bei Verwendung von Tamari

Den Backofen auf 180 °C vorheizen.

Für das Hula Pork Ananassaft, Ingwer, Knoblauch, Sojasoße oder Tamari, Tomatenketchup, Essig und Sriracha mischen. Die Schweineschulter in einen Bräter legen und mit der Soße begießen, das Fleisch sollte rundum mit Soße benetzt sein. Den Deckel auflegen und die Schweineschulter je nach Dicke 3–4 Stunden im Ofen schmoren, bis das Fleisch beinahe zerfällt. Ca. 30 Minuten vor Ende der Schmorzeit die Paprikastreifen auf ein Blech legen und mit Olivenöl, Salz und Pfeffer würzen. Ca. 30 Minuten im Ofen mitrösten.

Das Fleisch auf ein großes Schneidebrett legen. Übrige Soße aus dem Bräter aufbewahren. Das Fleisch mithilfe von zwei Gabeln auseinanderzupfen. Das Hula Pork kann auch schon am Vortag zubereitet werden. Am nächsten Tag Fleisch und Paprika im auf 180 °C vorgeheizten Backofen in 20–30 Minuten heiß werden lassen.

Für den Ananas-Cashew-Reissalat den Reis mit Kardamom und Salz nach Packungsanweisung garen. Abtropfen und abkühlen lassen. Inzwischen Kokosraspel und Cashewkerne nacheinander auf einem Blech im Ofen bei 180 °C oder in einer beschichteten Pfanne in wenigen Minuten goldbraun rösten (Kokosraspel bräunen etwas schneller). Aufpassen, dass nichts anbrennt!

Die Ananas unter dem vorgeheizten Backofengrill oder in einer trockenen Grillpfanne 7–10 Minuten grillen, bis sie etwas Farbe bekommt. Abkühlen lassen und in mundgerechte Stücke schneiden, dabei den holzigen Strunk in der Mitte entfernen. Das Öl in einer kleinen Pfanne erhitzen und die Frühlingszwiebeln darin 5–7 Minuten braten, dann abkühlen lassen. Anschließend alle Zutaten für den Reissalat vermengen, mit Kräutern mischen und mit Salz und Pfeffer abschmecken. Der Salat hält sich abgedeckt bis zu 1 Tag im Kühlschrank. Den Reissalat mit Hula Pork, gerösteter Paprika und der Soße servieren.

Fruchtiger Krautsalat mit knusprigem Südstaatenhähnchen & Chipotle-Creme

Für 6 Portionen

Giancarlos wahre Leidenschaft galt lange Zeit frittiertem Hähnchen. Nachdem seine Glutenintoleranz entdeckt wurde, mussten wir uns überlegen, wie er trotzdem wieder in den Genuss dieser Köstlichkeit kommen könnte. Dieses Gericht baut auf einem Rezept von Barry C. Parsons von www.rockrecipes.com auf.

Für den fruchtigen Krautsalat verwenden wir gerne frische Kräuter aus unserem Garten, aber natürlich kann man auch getrocknete nehmen. Außerdem lässt sich hier wunderbar Fallobst wie Äpfel und Birnen verwerten. Eine weitere leckere Ergänzung für das Gericht sind Gegrillter Mais & Avocado (S. 167).

Für das Hähnchen Buttermilch, Senf, Salz, Pfeffer und Paprika in einer Schüssel mischen. Mit dem Fleisch in einen großen Zipbeutel geben, verschließen und gut vermengen. Mind. 2 Stunden, besser aber über Nacht, im Kühlschrank marinieren. Den Beutel zwischendurch mehrmals wenden, damit sich die Marinade gleichmäßig verteilt.

Für den Krautsalat die Erdnüsse in einer trockenen Pfanne bei mittlerer Hitze goldbraun rösten. Abkühlen lassen und grob hacken. Alle Salatzutaten in einer großen Schüssel vermengen. Mit Salz und Pfeffer abschmecken.

Alle Zutaten für die Chipotle-Creme vermischen. Den Backofen auf 180 °C vorheizen. Ein Backblech mit einer Silikonmatte oder Backpapier auslegen.

Die frischen Kräuter – falls verwendet – mit dem Knoblauch fein hacken und mit den restlichen Zutaten für die Panade in einer Schüssel mischen. Das Fleisch aus dem Beutel nehmen und von allen Seiten in der Panade wenden. Anschließend auf das Blech legen.

Die Hähnchenstücke mit Öl einsprühen oder beträufeln und in ca. 20 (Hühnerbrust) oder 30–40 Minuten (Teile mit Knochen) garen. Um sicherzugehen, dass das Fleisch durch ist, mit einem Bratenthermometer an der dicksten Stelle die Temperatur überprüfen: Sie sollte bei 74 °C liegen. Das Hähnchen mit Krautsalat, Chipotle-Creme und Gewürzgurken servieren.

Für das Hähnchen:
250 ml Buttermilch
1 EL Dijonsenf
1 TL Salz
1 TL frisch gemahlener schwarzer Pfeffer
1 TL edelsüßes Paprikapulver
1,5 kg Hähnchenfleisch mit Knochen, zerlegt, oder Hähnchenbrust
Olivenöl-Spray oder 4 EL Olivenöl

Für den fruchtigen Krautsalat:
50 g ungesalzene geschälte Erdnusskerne
200 g Rotkohl, fein gehobelt
1 Apfel mit Schale, in feinen Streifen
1 Birne mit Schale, in feinen Streifen
2 Stangen Staudensellerie, in dünnen Scheiben
2 EL eingelegte Jalapeño-Scheiben, abgetropft, plus
    2 EL Einlegeflüssigkeit (alternativ 2 EL Zitronensaft oder Essig)
1 kleine Handvoll Korianderblättchen
1 kleine rote Zwiebel, in dünnen Scheiben
4 EL Olivenöl
Saft von 1 Limette
Salz und frisch gemahlener schwarzer Pfeffer

Für die Chipotle-Creme:
1 TL Chipotlepaste (geräucherte Chilipaste)
100 g saure Sahne
50 g Mayonnaise (selbst gemacht S. 21)

Für die Panade:
1 TL getrocknete oder frische gehackte Thymianblättchen
2 TL getrocknete oder frische gehackte Salbeiblättchen
2 Knoblauchzehen
100 g Mehl oder glutenfreies Mehl
3 EL getrockneter Oregano
1 EL Senfpulver
1 EL Ingwerpulver
1 EL rosenscharfes Paprikapulver
2 TL Salz
1 TL frisch gemahlener schwarzer Pfeffer
½–1 TL Chilipulver, je nach Geschmack

Außerdem
Gewürzgurken, längs in Scheiben geschnitten, zum Servieren

 bei Verwendung von glutenfreiem Mehl

Hähnchen-Schawarma mit Salat, Koriander & Zitronen-Crème-fraîche

Für 6 Portionen

»Schawarma« ist abgeleitet vom türkischen Wort für »wenden«. Traditionell wird bei dieser Zubereitungsmethode das Fleisch – am besten nimmt man hierzu fetthaltige Stücke wie Schenkel – an einem Spieß permanent gedreht. So gart es schön gleichmäßig und wird besonders saftig. Wir bereiten das Hähnchen etwas anders zu, nach einem Rezept meiner Schwester Louise. Sie serviert es in Streifen geschnitten und füllt es zusammen mit Zitronen-Crème-fraîche, Salat und grünen Oliven in warmes Pitabrot. Sie können es aber auch wie in türkischen Dönerläden machen und Ihren Gästen eine Auswahl an Füllungen anbieten, aus denen sich jeder seine eigene Lieblingsmischung zusammenstellen kann. Dafür eignen sich glatte Petersilie und Minzblättchen, Chilisoße, eingelegte grüne Chilischoten, Aioli (S. 21) oder Tahin-Zitronen-Dressing (S. 18).

Für die Marinade:
Saft von 2 Zitronen
75 ml Olivenöl
5 Knoblauchzehen, gerieben
2 TL gemahlener Kreuzkümmel
3 TL edelsüßes Paprikapulver
je 1 TL gemahlener Koriander und Zimt
¼–½ TL Chiliflocken, je nach Geschmack
½ TL gemahlene Kurkuma

Für das Hähnchen:
1 kg Hähnchenschenkel mit Haut, ohne Knochen
2 rote Zwiebeln, in dünnen Spalten

Für die Zitronen-Crème-fraîche:
200 g Crème fraîche
Abrieb von ½–1 Bio-Zitrone, je nach Geschmack
1–2 TL Zitronensaft, je nach Geschmack

Für den Salat:
300 g Romanasalat, in sehr feinen Streifen
3 Frühlingszwiebeln oder kleine Schalotten, in dünnen Scheiben
2 EL Korianderblättchen, grob zerzupft
¼–½ rote oder grüne Chilischote, je nach Geschmack, fein gehackt (optional)
Saft von 1 Zitrone
3 EL Olivenöl

Außerdem:
Salz und frisch gemahlener schwarzer Pfeffer
Pitabrot (optional), grüne Oliven und Peperoni zum Servieren

Für die Marinade alle Zutaten mit 1 TL Salz und ½ TL Pfeffer in einer großen Schüssel mischen. Hähnchenschenkel und Zwiebelspalten darin werden dann zugedeckt im Kühlschrank mind. 1 Stunde, besser aber über Nacht, marinieren.

Für die Zitronen-Crème-fraîche alle Zutaten in einer Schüssel verrühren und mit Salz und Pfeffer abschmecken. Im Kühlschrank ziehen lassen.

Den Backofen auf 200 °C vorheizen. Ein Backblech mit Silikonmatte oder Backpapier auslegen.

Hähnchenschenkel und Zwiebelspalten mit etwas Abstand auf das Blech legen und mit der übrigen Marinade aus der Schüssel beträufeln, dann in 30–40 Minuten im Ofen garen. Um sicherzugehen, dass das Fleisch durch ist, mit einem Bratenthermometer an der dicksten Stelle die Temperatur überprüfen: Sie sollte bei 74 °C liegen. Die Hähnchenschenkel in mundgerechte Stücke schneiden, den Bratensaft vom Blech auffangen und aufbewahren.

Für den Salat alle Zutaten in einer Schüssel vermengen und mit Salz und Pfeffer abschmecken.

Das Fleisch mit gerösteten Zwiebelspalten, Salat, Zitronen-Crème-fraîche, nach Belieben Pitabrot, Oliven und Peperoni auf einer großen Servierplatte anrichten, den Bratensaft dazu reichen.

 ohne Pitabrot

Perlhuhn & Artischocken mit Harissa-Soße

Für 4–6 Portionen

Mir schmeckt das aromatische Perlhuhnfleisch besser als Hähnchen, und deshalb verwende ich es, wann immer ich kann, z. B. für diesen orientalischen Salat. Für die vegetarische Version nehme ich Feta, den man aber auch über das Perlhuhn krümeln kann. Frische kleine, zarte Artischocken schmecken in diesem Salat besonders gut, sind aber nicht immer zu bekommen, deshalb können Sie hier auch gut auf Artischockenherzen aus dem Glas oder der Dose zurückgreifen. Wir essen dieses Gericht im Winter warm und im Sommer bei Zimmertemperatur. Und es schmeckt auch am nächsten Tag noch gut. Weil die Harissa-Soße so köstlich ist, mache ich oft die doppelte Menge und reiche das, was hier übrig bleibt, zu gebratenem Fleisch oder Gemüse.

Für den Salat:
400 g Artischockenherzen aus Glas oder Dose
1 Perlhuhn, in 8 Teile zerlegt, oder 6 Hähnchenschenkel mit Haut, ohne Knochen
1 Aubergine, in 2 cm großen Würfeln
1 rote Paprikaschote, in 8 langen Streifen
50 g getrocknete Tomaten in Öl, abgetropft, in 1 cm dicken Streifen
1 rote Zwiebel, in dünnen Spalten
100 ml Olivenöl
200 g Reis oder Naturreis (alternativ Gerste, Quinoa oder Grünkern)
½ TL Safranfäden
30 g glatte Petersilie, die Blätter grob gehackt
Saft von ½ Zitrone

Für die Harissasoße:
1 TL Kreuzkümmelsamen
1 TL Kümmelsamen
1 TL Koriandersamen
1 EL Tomatenmark
2 EL Olivenöl
½–1 TL Chiliflocken, je nach Geschmack
2 EL Zitronensaft

Außerdem:
Salz und frisch gemahlener schwarzer Pfeffer
1 große Handvoll weiche Salatblätter, z. B. Feldsalat oder Baby-Spinat, und Zitronenviertel zum Servieren

Den Backofen auf 200 °C vorheizen. Für den Salat die Artischockenherzen unter kaltem Wasser abspülen, abtropfen lassen und halbieren.

Das Fleisch rundum mit Salz und Pfeffer würzen und in einen Bräter legen. Die Artischockenhälften, Aubergine, Paprika, getrocknete Tomaten und Zwiebel um das Fleisch herum verteilen und alles mit 75 ml Olivenöl beträufeln. Fleisch und Gemüse in 30–40 Minuten im Ofen garen. Anschließend lauwarm abkühlen lassen.

Für die Harissasoße alle Samen in einer trockenen Pfanne rösten, bis sie aromatisch duften. Vom Herd nehmen und im Mörser fein zerstoßen. Die Gewürze in eine Schüssel geben und mit den übrigen Soßenzutaten mischen. Mit Salz und Pfeffer abschmecken. Mit einer dünnen Schicht Olivenöl versiegelt und gut verschlossen, bleibt diese Soße im Kühlschrank bis zu 1 Woche frisch.

Den Reis mit dem Safran nach Packungsanweisung garen. Anschließend mit Petersilie, Zitronensaft und dem restlichen Öl vermengen und auf einer Servierplatte anrichten.

Das lauwarm abgekühlte Fleisch und Gemüse auf dem Reis verteilen und mit Bratensaft aus dem Bräter beträufeln. Mit Salatblättern und Zitronenvierteln garnieren und mit der Harissasoße servieren.

Hähnchen-Krautsalat

Für 6 Portionen

Dieses Rezept (Foto auf S. 104) verdanke ich Susie Jones, einer kambodschanischen Köchin, die in ihren südostasiatischen Gerichten gerne regionale Zutaten verarbeitet. Anstelle von Jicama (einem Wurzelgemüse mit mild-fruchtigem Geschmack) oder grüner Mango können Sie Steckrübe, feste säuerliche Pflaumen oder gelbe Paprika verwenden. Überhaupt passen die meisten säuerlichen festen Gemüse oder Früchte zum Dressing. Wenn Sie es variieren möchten, können Sie den Zitronensaft durch den Saft von 4 Kumquats ersetzen, die ein mildes Orangenaroma besitzen. Und auch bei den Kräutern gilt: Nehmen Sie, was Sie gerade dahaben. Wenn Ihnen der Koriander ausgegangen ist, verwenden Sie einfach mehr Minze. Versuchen Sie auf jeden Fall, vietnamesische Fischsoße aufzutreiben, die ist nämlich weniger scharf als die thailändische Nam Pla.

Dieser Salat bietet auch die Gelegenheit, übrig gebliebenes gekochtes Hühner- oder Putenfleisch zu verwerten. In dem Fall können Sie die Garanweisung für das Fleisch einfach übergehen.

2 Hähnchenbrüste ohne Haut und Knochen
Salz
50 g ungeschälte Erdnusskerne
2 EL Sesamsamen
150 g Weißkohl
2 Möhren
100 g Steckrübe oder ½ Jicama (optional)
1 grüne Paprikaschote oder grüne Mango (optional)
1 große Handvoll Thai-Basilikum, Koriander und Minze
  die Blättchen grob zerzupft
3 Frühlingszwiebeln, in dünnen Ringen

Für das Dressing:
6 EL Limettensaft
4 EL Vietnamesische Fischsoße (alternativ Nam Pla)
3 EL Reisessig
2 TL milder Honig
¼–½ rote Chilischote, je nach Geschmack, fein gehackt
2 Knoblauchzehen, fein gehackt oder gerieben

Die Hähnchenbrüste in einem Topf mit kochendem Salzwasser in 10–15 Minuten garen. Abtropfen und abkühlen lassen.

Die Erdnüsse in einer trockenen Pfanne rösten, bis sie stellenweise schwarz werden. Auf einem sauberen Geschirrtuch abkühlen lassen. Das Tuch zusammenfalten und mit den Händen so darüberreiben, dass sich die Haut von den Erdnüssen größtenteils löst. Anschließend die Nüsse grob hacken und beiseitelegen. Die Sesamsamen in einer trockenen Pfanne unter häufigem Wenden goldgelb rösten. Dann auf einem Teller abkühlen lassen.

Alle Zutaten für das Dressing in einer kleinen Schüssel verrühren.

Den Weißkohl putzen und mit einem sehr scharfen Messer in feine Streifen schneiden. Das Hühnerfleisch in mundgerechte Stücke teilen. Möhren, Steckrübe oder Jicama und Paprikaschote oder Mango putzen, ggf. schälen und mit einem Juliennschneider oder scharfen Messer in feine Streifen schneiden, dann sofort in einer großen Schüssel mit dem Dressing vermengen.

Hühnerfleisch, Weißkohl, Erdnüsse und Kräuter gründlich untermengen. Den Salat auf einer großen Servierplatte anrichten und mit Sesam und Frühlingszwiebeln bestreuen.

Variante:
Den fertigen Salat mit knusprigem Knoblauch und Schalotten aus dem Pomelo-Salat-Rezept (S. 158) bestreuen.

Obstsalat mit gebratener Ente & Fünf-Gewürze-Marinade

Für 2–4 Portionen

Wir aßen diesen zarten und gleichzeitig pikanten Entensalat im schönen Y Thao Garden Restaurant in Hue, Vietnam. Ich konnte gar nicht glauben, dass er so leicht zuzubereiten war. Allerdings müssen Sie auf ein perfektes Gleichgewicht zwischen süßen und sauren Früchten achten. Wenn Sie keine Aprikosen bekommen, verwenden Sie stattdessen andere mittelsüße Früchte wie Weintrauben, Pfirsiche oder Pflaumen. Servieren Sie den Salat mit Zitronenspalten, die in eine kleine Schüssel mit schwarzem Pfeffer und Salz ausgedrückt werden, und stellen Sie eine weitere kleine Schüssel mit Ananasstücken und Chilipulver dazu (S. 104–105).

Für das Fleisch:

2 Entenbrüste mit Haut, ohne Knochen

Für die Gewürzmischung:

1 EL Fünf-Gewürze-Pulver

1 TL feiner Zucker

½ TL Salz

2 kleine oder 1 große Knoblauchzehe, fein gehackt

Für das Dressing:

½ Rezept Soja-Ingwer-Dressing (S. 18)

Für den Obstsalat:

ausgelöste Kerne von ½ Granatapfel

1 feste Kiwi oder grüne Mango, in 5 mm dünnen Scheiben

2 Aprikosen mit Haut, in dünnen Scheiben

1 Avocado, in dünnen Scheiben

1 große Handvoll Minzblättchen

1 kleine Handvoll Estragonblättchen

1 kleine Handvoll Korianderblättchen

1 Stängel Zitronengras, in sehr dünnen Scheiben

 bei Verwendung von Tamari für das Dressing

Die Entenbrüste auf einen flachen Teller legen. Alle Zutaten für die Gewürzmischung vermengen und das Fleisch damit rundum einreiben. Abgedeckt bis zu 1 Stunde im Kühlschrank ziehen lassen.

Die Entenbrüste mit der Hautseite nach unten in eine kalte beschichtete Pfanne legen. Bei mittlerer Hitze ca. 10 Minuten braten, bis die Haut knusprig ist. Anschließend wenden und auf der anderen Seite weitere 3–5 Minuten braten. Die Entenbrüste aus der Pfanne nehmen und 10 Minuten auf einer warmen (aber nicht heißen) Herdplatte gar ziehen lassen.

Alle Zutaten für den Obstsalat in einer großen Schüssel behutsam mit dem Dressing vermengen und auf einer Servierplatte anrichten. Die Entenbrüste mit Haut in ca. 5 mm dünne Scheiben schneiden, auf dem Salat anrichten und noch warm servieren.

Entenconfit, knusprige Kartoffeln & Knoblauch

Für 4–6 Portionen

Wenn wir irgendwo Entenconfit in Dosen sehen, greifen wir zu. Die französischen Marken sind die besten. Dieser Salat ist eine Erfindung unserer Freundin Joe Mosse aus Lyon. Sie macht diesen Salat für ihre hungrige Familie, wenn sie gerade kein frisches Fleisch im Haus hat. Dafür verarbeitet sie ihre selbst gezogenen Kräuter aus dem Garten. Mein Rat: Verstecken Sie die unwiderstehlich knusprigen Kartoffeln gleich nach dem Backen vor Ihren Kindern, sonst bleibt für den Salat nichts davon übrig.

Für Entenconfit und Salat:

1,2 kg Entenconfit aus der Dose (4–6 Stücke Entenfleisch mit Fett)
1,25 kg vorwiegend festkochende Kartoffeln (am besten Frühkartoffeln), in 3 cm großen Würfeln
2 große Zweige Rosmarin
8 ungeschälte Knoblauchzehen, leicht angedrückt
Salz und frisch gemahlener schwarzer Pfeffer
250 g Baby-Spinat oder Brunnenkresse (oder eine Mischung aus beiden)
1 sehr große Handvoll gemischte Kräuter, z. B. glatte oder krause Petersilie, Estragon, Bärlauch, Schnittlauch, Kerbel und Thymian

Für die Senf-Vinaigrette:

2 EL Rotweinessig
3 EL Olivenöl
½–1 TL milder Honig oder Ahornsirup
1 EL Dijonsenf
1 kleine Knoblauchzehe, fein gehackt

Den Backofen auf 200 °C vorheizen.

Die Dose mit dem Confit vor dem Öffnen 10 Minuten in eine Schüssel mit sehr heißem Wasser stellen. Dadurch schmilzt das Fett, und es ist leichter, die Fleischstücke zu entnehmen. Die Dose öffnen, die Ententeile aus dem Fett nehmen und mit der Haut nach oben auf ein Backblech legen. Das Fett beiseitestellen. Das Entenfleisch in 15–20 Minuten im Ofen knusprig braten. Anschließend das Fleisch locker mit Alufolie abdecken und an einen warmen Ort stellen.

Inzwischen Kartoffeln, Rosmarin und Knoblauch auf ein anderes Backblech legen, mit 200 ml Entenfett übergießen und kräftig mit Salz und Pfeffer würzen. In 40–45 Minuten im Ofen knusprig backen.

Alle Zutaten für die Vinaigrette in ein Schraubglas geben und kräftig schütteln oder in einer kleinen Schüssel verrühren.

Die Kartoffeln aus dem Ofen nehmen und das meiste Fett entfernen. Die cremigen Knoblauchzehen aus den Schalen in eine vorgewärmte Schüssel drücken und mit den Kartoffeln vermengen. An einen warmen Ort stellen.

Das Entenfleisch mithilfe von zwei Gabeln von den Knochen zupfen und die Haut klein schneiden. Fleisch und Haut zu den Kartoffeln geben und mit Spinat oder Brunnenkresse und Kräutern vermengen. Die Vinaigrette behutsam untermischen. Den Salat mit Salz und Pfeffer abschmecken und sofort servieren.

Asiatischer Regenbogen-Krautsalat & Salatwraps mit koreanischem Rindfleisch

Für 4–6 Portionen

Hauptbestandteil dieses Rezepts ist Bulgogi, ein koreanisches Rindfleischgericht aus großen, dünn geschnittenen Stücken aus der Oberschale. Bitten Sie Ihren Metzger, das Fleisch für Sie zuzuschneiden, oder kaufen Sie Ihre Lieblingssorte Steak und schneiden Sie es in Streifen. Traditionell wird das Rindfleisch in Salatblätter gerollt und zu gekochtem Reis, Chilischoten und Frühlingszwiebeln serviert. Auch selbst gemachtes Kimchi (S. 174) passt hervorragend dazu. Wir essen hierzu gerne den Regenbogen-Krautsalat, der nicht nur gesund und schön knackig ist, sondern auch köstlich schmeckt.

Für das Rindfleisch:
- 750 g Roastbeef oder in hauchdünne Scheiben geschnittenes Rindfleisch aus der Oberschale
- 1 EL Sesamsamen

Für die Marinade:
- 6 Frühlingszwiebeln, grob gehackt
- 5 Knoblauchzehen, grob gehackt
- 1 Stück Ingwer (2 cm), grob gehackt
- 4 EL Sojasoße
- 2 EL milder Honig oder Ahornsirup
- 1 TL geröstetes Sesamöl
- ¼–½ rote Chilischote, je nach Geschmack, grob gehackt

Für den Krautsalat:
- 50 g geschälte Erdnusskerne
- 100 g Rot- oder Weißkohl, in feinen Streifen
- 1 rote Paprikaschote, in feinen Streifen
- 1 Möhre, in feinen Streifen
- 3 Frühlingszwiebeln, in feinen Streifen
- 8 Radieschen, in feinen Scheiben
- 1 Stange Staudensellerie, in feinen Scheiben
- 10 g Korianderblättchen, grob gehackt

Außerdem:
- 1 Rezept Soja-Ingwer-Dressing (mit Erdnussbutter, S. 18)
- 8–12 Salatblätter, z. B. Romana-, Kopfsalat oder Chinakohl
- 4 Frühlingszwiebeln, schräg in feine Ringe geschnitten

Das Roastbeef in ca. 5 mm breite Streifen schneiden und in einen tiefen Teller legen. Alle Zutaten für die Marinade im Mixer glatt pürieren, über das Fleisch gießen und dieses mind. 1 Stunde oder über Nacht abgedeckt im Kühlschrank ziehen lassen.

Die Sesamsamen in einer trockenen Pfanne rösten, bis sie leicht bräunen. Dabei häufig umrühren. Auf einem Teller abkühlen lassen.

Für den Krautsalat die Erdnüsse ebenfalls in einer trockenen Pfanne bei mittlerer Hitze goldbraun rösten. Abkühlen lassen und grob hacken. Anschließend alle Zutaten für den Salat vermengen, mit etwas Soja-Ingwer-Dressing mischen und auf einer Hälfte einer Servierplatte anrichten. Das restliche Dressing auf mehrere kleine Schälchen verteilen.

Eine große Pfanne oder Grillpfanne stark erhitzen. Die Fleischstreifen am besten mit einer Zange hineingeben und auf beiden Seiten zwischen 30 Sekunden und 1 Minute scharf anbraten. Übrig gebliebene Marinade entsorgen. Das Fleisch sofort neben dem Salat anrichten und mit Sesamsamen bestreuen. Die Salatblätter und Frühlingszwiebeln dazu reichen. Das Fleisch wird in die Blätter gefüllt, mit Frühlingszwiebeln bestreut und aufgerollt. Die Salatwraps in das Dressing tunken.

Mexikanischer Rindfleischsalat

Für 6–8 Portionen

Für diesen herzhaften knackigen Salat können Sie die Reste vom Sonntagsbraten ebenso gut verwenden wie Beef Brisket oder gebratene Minutensteaks. Ich nehme hierfür gerne Romanasalat, aber im Grunde passen alle Blattsalate zum würzigen Rindfleisch. Für eine vegetarische Variante können Sie das Fleisch durch Feta ersetzen und zum Salat Guacamole (S. 182), Glücksdip (S. 59) und knusprige Tortillas oder geröstetes Sauerteigbrot reichen.

Für das Dressing:

Saft von ½ Zitrone oder von 1 Limette

3 EL Olivenöl

1 Knoblauchzehe, fein gehackt

½–1 rote oder grüne Chilischote, je nach Geschmack, in feinen Ringen

Salz und frisch gemahlener schwarzer Pfeffer

Für den Salat:

300–500 g gebratenes Rindfleisch, in mundgerechten Stücken

100 g Salatgurke, entkernt, in 1,5 cm großen Würfeln

1 großer Kopfsalat oder 4 kleine Romanasalatherzen, in mundgerechten Stücken

40 g Radieschen, in dünnen Scheiben

100 g Tomaten, in mundgerechten Stücken

1 EL eingelegte Kapern, abgetropft und gründlich abgespült

1 rote oder gelbe Paprikaschote, in 1 cm breiten Streifen

1 kleines Bund Koriander oder glatte Petersilie, die Blättchen grob gehackt

Alle Zutaten für das Dressing in einer Schüssel verrühren und mit Salz und Pfeffer abschmecken.

Die Salatzutaten in eine große Schüssel geben und gut vermengen. Das Dressing behutsam untermischen und den Salat sofort servieren.

Tagliata mit Salsa verde, gegrillten Zwiebeln & Tomaten

Für 4 Portionen

Pikante grüne Soßen gibt es schon seit Hunderten von Jahren. Die Bandbreite der dafür verwendeten Kräuter reicht von Petersilie als alleinige Zutat bis hin zu Mischungen aus Minze, Petersilie, Koriander, Estragon und Kerbel. Experimentieren Sie mit dem, was Ihnen besonders gut schmeckt! Salsa verde bleibt im Kühlschrank bis zu fünf Tage frisch und passt zu neuen Kartoffeln genauso gut wie zu Lammbraten oder weißfleischigem Fisch.

Wir grillen das Fleisch und die Frühlingszwiebeln entweder draußen auf Holzkohle oder in einer Grillpfanne auf dem Herd. Unsere Favoriten sind 28 Tage lang abgehangene Sirloin-Steaks von Weiderindern oder aber T-Bone-Steak. Achten Sie darauf, dass an dem mageren Fleisch genügend Fett ist. Optimal ist ein gleichmäßig marmoriertes Fleisch, das beim Grillen schön saftig bleibt. Im Restaurant richten wir es auf einer großen Servierplatte an, umgeben von Tomatensalat mit süßsaurer Zwiebelvinagrette (S. 139), knusprigen Sauerteigcroûtons und einer Kanne mit zusätzlicher Soße.

Für die Salsa verde:
100 ml Olivenöl
15 g glatte Petersilie mit Stängeln
15 g Minzblättchen
1 EL eingelegte Kapern, abgetropft und gründlich abgespült
5 Sardellenfilets in Öl, abgetropft
1 EL Zitronensaft
1 Knoblauchzehe, grob gehackt
Salz und frisch gemahlener schwarzer Pfeffer

Für den Salat:
6 dicke oder 12 dünne Frühlingszwiebeln
2 EL Olivenöl plus etwas extra zum Bepinseln
2 große Handvoll Salatblätter, z. B. Brunnenkresse, Babyspinat oder Kopfsalat, in mundgerechten Stücken
4 Radieschen, in feinen Scheiben
1 EL Zitronensaft

Für das Steak:
4 Sirloin-Steaks, (à 200 g, 2 cm dick) oder 1 großes T-Bone-Steak (800 g)
Meersalzflocken und frisch gemahlener schwarzer Pfeffer
ggf. neutrales Öl zum Braten

Außerdem:
etwas Tomatensalat mit süßsaurer Zwiebelvinaigrette (S. 139)

Für die Salsa verde alle Zutaten im Mixer glatt pürieren. Mit Salz und Pfeffer abschmecken und beiseitestellen.

Für den Salat die Frühlingszwiebeln dünn mit etwas Olivenöl einpinseln und 2–4 Minuten auf dem vorgeheizten Holzkohlegrill grillen oder in der Grillpfanne braten, bis sie weich sind und etwas Farbe bekommen haben. Anschließend warm stellen.

Die Steaks von beiden Seiten großzügig mit Meersalzflocken und Pfeffer einreiben. Den Holzkohlegrill anheizen oder die Grillpfanne mit etwas Öl sehr stark erhitzen. Das T-Bone-Steak oder die Sirloin-Steaks mithilfe einer Zange mit der Fettseite nach unten auf den Rost oder in die Pfanne (hier max. 2 Steaks auf einmal) legen. In 3–4 bzw. 1,5–2,5 Minuten knusprig grillen, dabei mit der Zange leicht hin und her bewegen, damit das Fleisch gleichmäßig gart. Dann wenden und von der anderen Seite ebenso lange grillen. Das Fleisch nach dem Grillen ein paar Minuten ruhen lassen.

Die Salatblätter und Radieschen mit dem Zitronensaft und 2 EL Olivenöl vermengen und in einer Schüssel anrichten.

Das Fleisch in 1 cm dicke Scheiben schneiden. Mit Meersalz bestreuen und mit gegrillten Frühlingszwiebeln und Tomatensalat anrichten. Etwas Salsa verde über das Steak gießen und die restliche Soße und den Salat dazu reichen.

Griechisches Zitronen-Hähnchen, Getreide & Feta mit Zaziki

Für 6 Portionen

Manchmal haben wir Lust auf einen einfachen, aber nahrhaften Salat, der mit gesunden, knackigen Zutaten und aromatischen Gewürzen zu einer vollwertigen Mahlzeit wird. Dieser Salat hier bietet zusätzlich die Möglichkeit, Hähnchen- oder Putenreste zu verwerten. Tomatensalat und Zaziki passen hervorragend dazu. Das Zaziki-Rezept stammt von Anne Hudson, die es aus Griechenland mitgebracht hat. Zaziki schmeckt auch gut zu Brot oder als Dip für Gemüse.

Für das Zaziki:

125 g Salatgurke mit Schale, grob geraspelt
150 g griechischer Joghurt
1 kleine Knoblauchzehe, fein gerieben
1 EL fein gehackter Dill
2 TL Weißwein- oder Rotweinessig
1–2 EL Olivenöl

Für den Salat:

200 g Getreide, z. B. Gerste, Weizen, Dinkel, Quinoa oder Vollkornreis
600 ml Hühnerbrühe
4 EL Olivenöl
1 weiße Zwiebel, fein gehackt
3 Knoblauchzehen, fein gehackt
¼–½ TL Chiliflocken oder frische Chilischote, gehackt, je nach Geschmack
450 g gegartes Hähnchen- oder Putenfleisch, in mundgerechten Stücken
2 TL getrockneter Oregano
Abrieb und Saft von 1 Bio-Zitrone
1 rote oder grüne Paprikaschote, grob gehackt
1 Handvoll grob gehackte glatte Petersilie

Außerdem:

Salz und frisch gemahlener schwarzer Pfeffer
75 g Feta, zerkrümelt
1 Handvoll Brunnenkresse oder Babyspinat
1 Zitrone, in Spalten, zum Servieren

 bei Verwendung von Quinoa oder Vollkornreis

Für das Zaziki die Gurke mit ¼ TL Salz vermengen und in einem Sieb ca. 30 Minuten ziehen und abtropfen lassen. Die Gurkenraspel anschließend mit der Hand ausdrücken und mit den übrigen Zutaten für das Zaziki vermischen. Weil es durch das Olivenöl flüssiger wird, für einen Dip weniger und für ein Dressing mehr Öl zugeben. Mit Salz und Pfeffer abschmecken und bis zum Servieren im Kühlschrank ziehen lassen.

Für den Salat das Getreide in der Hühnerbrühe mit 1 Prise Salz nach Packungsanweisung garen. Anschließend abtropfen lassen und beiseitestellen.

In einer großen Pfanne das Öl erhitzen und die Zwiebel bei mittlerer Temperatur in 7–10 Minuten glasig dünsten. Knoblauch und Chili zugeben und 1 Minute mitbraten. Gegartes Getreide, Fleisch, Oregano, Zitronenabrieb und -saft zufügen und alles gut vermengen. Mit Salz und Pfeffer abschmecken. Die Mischung vom Herd nehmen und Paprika und Petersilie untermengen.

Den Salat auf einer Servierplatte anrichten. Er kann bis zu 1 Tag im Kühlschrank aufbewahrt werden, zum Servieren dann wieder Zimmertemperatur annehmen lassen (bzw. gekühlt genießen). Den Salat mit Feta und Brunnenkresse oder Baby-Spinat bestreuen und mit Zaziki und Zitronenspalten servieren.

Salate mit Fisch & Meeresfrüchten

Wildreis, Kräuter & gegrillte Sardinen

Lachs, Spargel & Erbsen mit Brunnenkresse-Dressing

Scharfe Garnelen mit Gurken-Paprika-Salat

Krebsfleischsalat mit Sellerie & Kroketten

Wolfsbarsch, Gurke & Queller mit Basilikumdressing

Thunfisch Niçoise mit grünen Bohnen, Kartoffeln & getrockneten Tomaten

Gegrillter japanischer Lachs

Japanischer brauner Reis

Reikos eingelegte Gurken

Möhren mit Sesam & Chili

Wakame-Algen-Salat

Indischer Blumensalat mit Zahdas Tandoori-Lachs & Garnelen

Fischtacos mit Koriander-Krautsalat

Thunfischsalat Hawaii

Wildreis, Kräuter & gegrillte Sardinen

Für 4–6 Portionen

Die Idee zu diesem Gericht kam mir während einer Schiffstour auf dem Bosporus, auf der ich gegrillte Sardinen aß. Sie wurden zusammen mit Zwiebeln, Unmengen glatter Petersilie und Zitronensaft in Brot serviert, das wiederum in Zeitungspapier gewickelt war. Aus dieser Zutatenmischung stellten wir einen Salat zusammen, den wir zum Fisch reichen. Noch besser schmeckt er mit einem Klacks selbst gemachter Mayonnaise (S. 21).

Für den Fisch:
4–6 Sardinen, küchenfertig, entschuppt

Für den Salat:
300 g Wildreis
1 kleine rote Zwiebel, fein gehackt
2 EL Thymianblättchen
30 g grob gehackte glatte Petersilie
1 Stange Staudensellerie plus 1 Handvoll Sellerieblättchen, fein gehackt
3 gehäufte EL grob gehackte Basilikumblättchen
50 g Sardellenfilets in Öl, abgetropft und fein gehackt
12 mit Chili gefüllte grüne Oliven, halbiert, oder 12 grüne Oliven und ½ TL Chiliflocken

Für das Zitronendressing:
1 TL Abrieb und 4 EL Saft von 1 Bio-Zitrone
8 EL Olivenöl
1 TL Dijonsenf

Außerdem:
Salz und frisch gemahlener schwarzer Pfeffer

Für den Salat den Reis in reichlich Salzwasser in ca. 25 Minuten gar kochen. Abtropfen lassen und auf einem großen Teller ausbreiten, damit er rasch abkühlt.

Die gehackte rote Zwiebel 10–20 Minuten in kaltes Wasser legen. Anschließend abtropfen lassen.

Die Zutaten für das Zitronendressing verrühren und mit Salz und Pfeffer würzen. Alle Salatzutaten in einer großen Schüssel mit dem Dressing vermengen und abschmecken.

Die Sardinen auf beiden Seiten salzen und pfeffern und unter dem vorgeheizten Backofengrill oder auf dem Holzkohlegrill unter einmaligem Wenden garen. Die Garzeit hängt von der Größe ab, die Fische sollten außen schön gebräunt sein und sich fest anfühlen. Die gegrillten Sardinen sofort auf dem Salat anrichten und servieren.

Lachs, Spargel & Erbsen mit Brunnenkresse-Dressing

Für 6 Portionen

Dieses sehr englische Gericht mit gebackenem Lachs auf grünem Salatbett weckt Erinnerungen an sonnige Frühlingstage. Es lässt sich leicht zubereiten und gut frisch halten, sodass es sich perfekt für Gäste eignet.

Für den Lachs:
750 g Lachsfilet mit Haut, entgrätet
2 EL Weißwein
Salz und frisch gemahlener schwarzer Pfeffer
1 kleine Handvoll Erbsensprossen

Für das Dressing:
1 Schalotte, fein gehackt
1 EL Olivenöl
Salz und frisch gemahlener schwarzer Pfeffer
100 g Brunnenkresse
200 g Crème fraîche

Für den Salat:
12 Stangen grüner Spargel, ohne holzige Enden
300 g frische Erbsen
1 kleine Handvoll Dillspitzen
1 kleine Handvoll Minzblättchen, grob zerzupft
1 kleine Handvoll Estragonblättchen
1 Handvoll Brunnenkresse
½ Salatgurke, in dünnen Scheiben
Saft von ½ Zitrone
2 EL Olivenöl

Den Backofen auf 180 °C vorheizen.

Den Lachs auf ein großes Stück Backpapier legen. Mit Weißwein beträufeln und mit Salz und Pfeffer würzen. Das Backpapier über dem Fisch zu einem Päckchen zusammenfalten und den Lachs in 20–25 Minuten im Ofen garen. Herausnehmen und abkühlen lassen. Dann die Haut entfernen und den Fisch in grobe Stücke zupfen.

Für den Salat Spargel und Erbsen in 5–8 bzw. ca. 10 Minuten gar kochen oder dampfgaren. Anschließend in kaltem Wasser abschrecken.

Währenddessen für das Dressing die Schalotte in dem Öl in einer kleinen Pfanne farblos anschwitzen, mit Salz und Pfeffer würzen. Vom Herd nehmen und abkühlen lassen. Die Schalotte mit der Brunnenkresse im Mixer pürieren. Crème fraîche zufügen und alles zu einem glatten Dressing verrühren. Mit Salz und Pfeffer abschmecken.

Alle Salatzutaten in einer großen Schüssel vermengen und auf einer Servierplatte anrichten. Den Lachs darauflegen und mit dem Dressing beträufeln oder das Dressing separat dazu reichen. Den Lachs mit Erbsensprossen garnieren.

Scharfe Garnelen mit Gurken-Paprika-Salat

Für 4 Portionen

Scharfe, saftige rosa Garnelen, weiche Reisnudeln und duftender Koriander in einer Limetten-Butter-Soße – das muss man einfach mögen! Mein Schwager Robbo macht uns diesen Salat immer, wenn er zu Besucht kommt. Er und meine Schwester Carly lieben die thailändische Küche, doch weil sie teilweise in Spanien leben, lernten sie auch die mediterrane Art der Garnelenzubereitung zu schätzen und schufen mit ihrer Version von Gambas Pil-Pil ein herrlich dekadentes Gericht.

Robbo tunkt die Soße gerne mit knusprigem Weißbrot auf, doch weil wir teilweise glutenfrei leben, kombinieren wir den Salat mit Reisnudeln. Beides schmeckt gleich gut.

300 g geschälte rohe Tiger Prawns, küchenfertig
Saft von 2 Limetten
Salz und frisch gemahlener schwarzer Pfeffer
300 g Reisnudeln (optional)
100 g Gurke (ca. ⅓ Salatgurke), längs in dünnen Scheiben
1 rote Spitzpaprikaschote, in 1 cm breiten Streifen
1 Handvoll Korianderblättchen
50 g Butter
3 EL Olivenöl
20 g frischer Ingwer, fein gerieben
½–1 rote Chilischote, je nach Geschmack, in feinen Ringen
5 dicke Knoblauchzehen, fein gehackt oder gerieben

Die Garnelen mit dem Limettensaft in eine Schüssel geben, mit Salz und Pfeffer würzen und 10 Minuten ziehen lassen.

Die Reisnudeln, falls verwendet, nach Packungsanweisung garen. Anschließend unter kaltem Wasser abschrecken, gut abtropfen lassen und beiseitestellen.

Gurke, Paprika und Koriander in einer großen Schüssel vermengen.

Butter und Öl in einer Pfanne erhitzen. Ingwer, Chili und Knoblauch zufügen und ein paar Minuten anschwitzen, bis alles aromatisch duftet. Die Garnelen zugeben und 3–4 Minuten braten, bis sie gar sind. Die Garnelen mit einem Schaumlöffel herausheben und warm stellen.

Die Reisnudeln in der Pfanne gründlich mit der Buttersoße vermengen, dann mit den Garnelen zum Gurken-Paprika-Salat in die Schüssel geben und alles vorsichtig mit einer Salatzange mischen. Auf vorgewärmten Tellern anrichten und sofort servieren.

Krebsfleischsalat mit Sellerie & Kroketten

Für 6 Portionen

Wenn man Krebsfleisch kauft, hat man immer das Problem: Was tun mit dem braunen Fleisch? Dieses Rezept bringt die Lösung. Ich forme daraus Kugeln, friere sie ein, wälze sie später in Semmelbröseln und frittiere sie kurz vor dem Servieren. Durch das Frittieren werden die Krebsfleischkroketten innen weich und cremig und schmecken mit einem Spritzer Zitronensaft einfach köstlich. Wir servieren sie gerne in antiken Champagnerschalen.

Für die Kroketten:
100 g braunes Krebsfleisch
1 Ei
4 EL Mehl oder glutenfreies Mehl
4 EL Vollkornsemmelbrösel oder glutenfreie Semmelbrösel
750 ml Sonnenblumen- oder Nussöl zum Braten
Salz

Für den Salat:
300 g weißes Krebsfleisch
1 große Avocado, in Scheiben
1 große Stange Staudensellerie, schräg in feine Scheiben geschnitten, plus 1 EL fein gehackte Sellerieblätter (optional)
1 kleine Handvoll grob gehackte glatte Petersilie
2 EL Zitronensaft
4 EL Olivenöl
Salz und frisch gemahlener schwarzer Pfeffer
Zitronenviertel und Rucola zum Servieren

 bei Verwendung von glutenfreiem Mehl und glutenfreien Semmelbröseln

Für die Kroketten 1 gehäuften TL braunes Krebsfleisch mithilfe von 2 Teelöffeln zu einem ovalen Klößchen formen und in eine Aluschale legen. So fortfahren, bis das Fleisch aufgebraucht ist. Man sollte insgesamt 12 Klößchen erhalten. Die Schale mit den Klößchen in das Gefrierfach stellen und einige Stunden anfrieren lassen. Man kann sie bis zu 2 Tage im Voraus zubereiten.

Verquirltes Ei, Mehl und Semmelbrösel jeweils auf separate Schälchen verteilen. Die gefrorenen Klößchen aus dem Gefrierfach nehmen und nacheinander in Mehl wenden, dann durch das Ei ziehen und zum Schluss in Semmelbröseln wälzen. In die Aluschale zurücklegen und erneut für mind. 30 Minuten in das Gefrierfach stellen. Das Panieren sollte schnell gehen, damit die Kroketten dabei nicht auftauen.

Für den Salat weißes Krebsfleisch, Avocado, Sellerie und -blätter, falls verwendet, sowie Petersilie in einer Schüssel mit Zitronensaft und Öl vermengen. Mit Salz und Pfeffer abschmecken, auf Teller verteilen und bis zum Servieren kühl stellten.

Das Sonnenblumen- oder Nussöl in der Fritteuse oder einem Topf erhitzen, bis man ein Brotstückchen darin frittieren kann. Die Kroketten aus dem Gefrierfach nehmen und jeweils 4 Stück auf einmal in das heiße Öl geben. Nach 1 Minute sind sie leicht gebräunt und können mit einem Schaumlöffel herausgenommen werden. Auf Küchenpapier abtropfen lassen. Die Kroketten sofort mit 1 Prise Salz bestreuen und mit Zitronenvierteln und Rucola auf dem Krebsfleischsalat anrichten.

Wolfsbarsch, Gurke & Queller mit Basilikumdressing

Für 4–6 Portionen

Selin Kiazim ist eine Londoner Köchin, deren aromatische Gerichte ihre türkischen Wurzeln nicht verleugnen können.

Ich liebe diesen Salat auch wegen seinem lebhaften Grün und dem strahlenden Weiß und weil das weiche Fischfleisch einen interessanten Kontrast zum knackigen Gemüse bildet. Wenn Sie keinen Queller bekommen, nehmen Sie stattdessen gekochte schmale grüne Bohnen. Der Fisch kann in der Pfanne gebraten oder gegrillt werden. Dieser Salat eignet sich sowohl als Vorspeise wie auch als Hauptgang, allein serviert oder begleitet von herzhaftem Bauernbrot, Quinoa-Kabsa (S. 164) oder dem Salat aus alten Getreidesorten (S. 157).

Für das Basilikumdressing:
1 Handvoll Basilikumblättchen
1 kleine Handvoll glatte Petersilie
1 kleine Knoblauchzehe
Saft von 1 Zitrone
3 EL Olivenöl
Salz und frisch gemahlener schwarzer Pfeffer

Für den Salat:
1 EL Olivenöl
4 Wolfsbarschfilets (à 150 g) ohne Haut und Gräten
Salz und frisch gemahlener schwarzer Pfeffer
1 große Handvoll knackige Salatblattmischung, z. B. Romanasalat, Rucola und Brunnenkresse
1 kleine Handvoll glatte Petersilie
150 g Queller (alternativ gekochte schmale grüne Bohnen oder Rucola, ohne dicke Stängel)
1 Gurke, in Streifen

Für das Dressing Basilikum, Petersilie, Knoblauch, Zitronensaft, Olivenöl und etwas Salz und Pfeffer im Mixer glatt pürieren.

Für den Salat das Olivenöl in einer großen beschichteten Pfanne erhitzen. Die Fischfilets mit Salz und Pfeffer würzen und unter einmaligem Wenden pro Seite ca. 1 Minute braten, bis sie gar sind. Auf einem Teller abkühlen lassen.

Die Filets in ca. 5 x 3 cm große Stücke schneiden, gleichmäßig mit etwas Dressing beträufeln und ca. 20 Minuten ziehen lassen. Alternativ den Fisch mit etwas Dressing vermischt abgedeckt über Nacht im Kühlschrank ziehen lassen.

Salatblätter, Petersilie, Queller, Gurke und Fischfilets in einer Schüssel vorsichtig mit dem übrigen Dressing vermengen. Mit Salz und Pfeffer abschmecken und servieren.

Vietnamesisch

Hähnchen-Krautsalat (oben links – S. 81); Vietnamesische Frühlingsrollen (Mitte links – S. 55); Ananas mit Chilipulver (unten links – S. 82); Pochierte Thai-Garnelen, Möhren & Koriander (Mitte – S. 54); Pomelo mit Kokos-Limetten-Dressing (oben rechts – S. 158) und Obstsalat mit gebratener Ente und Fünf-Gewürze-Marinade (unten rechts – S. 82).

Thunfisch Niçoise mit grünen Bohnen, Kartoffeln & getrockneten Tomaten

Für 4–6 Portionen

Dies ist einer unserer am schnellsten zuzubereitenden Salate, denn meistens haben wir alle Zutaten schon im Haus. Er schmeckt uns am besten, wenn wir nachhaltig gefangenen Thunfisch im eigenen Saft oder aber die in italienischen Delikatessenläden erhältlichen Thunfischfilets in Olivenöl verwenden. Frischer Thunfisch kann mit den herzhaften, kräftigen Aromen von Sardellen, getrockneten Tomaten und Oliven einfach nicht mithalten.

Wählen Sie die Oliven sorgfältig aus. Unsere Lieblingssorte sind die dunkelbraun-violetten Kalamata-Oliven, die man entsteint, indem man mit der flachen Seite eines großen Küchenmessers dadraufschlägt.

300 g Frühkartoffeln
Salz
250 g grüne Bohnen
4–6 Eier
3 Frühlingszwiebeln oder 1 kleine rote Zwiebel, in dünnen Ringen
160 g nachhaltig gefangener Thunfisch in Wasser oder Öl, abgetropft (Abtropfgewicht 112 g) und in Stücke gezupft
1 große Stange Staudensellerie, fein gehackt
40 g getrocknete Tomaten in Öl, abgetropft und fein gehackt
12 Oliven, entsteint und halbiert
1 EL eingelegte Kapern, abgetropft und gründlich abgespült
50 g Sardellenfilets in Öl, abgetropft
1 Rezept Klassische Vinaigrette (S. 20)
frisch gemahlener schwarzer Pfeffer

Die Kartoffeln mit Schale in reichlich Salzwasser gar kochen. Anschließend abtropfen und abkühlen lassen. Die Bohnen separat gar kochen. Bei einer Kochzeit von 20–25 Minuten sind sie weich und süß, man kann sie aber auch in kürzerer Zeit bissfest kochen. Anschließend abtropfen und abkühlen lassen.

Die Eier in ca. 8 Minuten hart kochen und sofort mit kaltem Wasser abschrecken. Pellen und beiseitestellen.

Die abgekühlten Kartoffeln halbieren und in eine große Salatschüssel geben. Die Frühlingszwiebeln ca. 10 Minuten in kaltes Wasser legen, um ihre Schärfe zu mildern. Anschließend abtropfen lassen und zu den Kartoffeln geben. Die Bohnen halbieren und zusammen mit den übrigen Salatzutaten außer den Eiern in die Schüssel geben.

Den Salat mit der Vinaigrette vermengen. Die Eier halbieren und obenauf legen. Mit frisch gemahlenem Pfeffer garnieren.

Varianten:
Verwenden Sie anstelle von Hühnereiern Wachteleier. Und fügen Sie klein geschnittene Avocado oder Romanasalatblätter, Brunnenkresse, Rucola oder Babyspinat hinzu.

Gegrillter japanischer Lachs

Für 6 Portionen

»In der japanischen Küche geht es um die Mischung verschiedener Texturen: Knackige Gurkenstücke sind genauso wichtig wie weich gegarte Möhren, wie zarter, auf der Zunge zergehender Lachs und brauner Reis mit ordentlich Biss«, erklärte unsere Freundin, Chefköchin Reiko Hara. Das Aussehen der Speisen sei sehr wichtig, sagte sie. Alles sollte einheitlich geschnitten sein. »Man isst zuerst mit den Augen, bevor man den Geschmack wahrnimmt.«

Reiko zeigte uns einige japanische Arten der Salatzubereitung. Sie findet, dass Essen nicht nur lebensnotwendig ist, sondern das Leben bereichern sollte. Wir sind mit ihr einer Meinung und haben einige ihrer Rezepte mit unseren eigenen kombiniert, um eine in Geschmack und Konsistenz ausgewogene Mischung präsentieren zu können.

Unsere Salatzusammenstellung beruht auf dem Prinzip einer Bento-Box, die kleine Mengen verschiedener Speisen enthält. Wir servieren den gegrillten Lachs gerne mit japanischem braunem Reis (rechts), Reikos eingelegten Gurken, Möhren mit Sesam & Chili und einer Kostprobe des Wakame-Algensalats (S. 110–111).

125 ml Tamari (als glutenfreie Alternative) oder Sojasoße
125 ml Sake
2 EL Ahornsirup
400 g Lachsfilet mit Haut

 bei Verwendung von Tamari

In einem Topf Tamari oder Sojasoße, Sake und Ahornsirup mischen und erhitzen, bis sich der Sirup aufgelöst hat. Vom Herd nehmen und abkühlen lassen. Das Lachsfilet mit der Marinade in einen Zipbeutel geben und im Kühlschrank mind. 2 Stunden oder bis zu 1 Tag lang ziehen lassen. Währenddessen den Beutel mehrfach wenden, damit sich die Marinade gleichmäßig verteilt.

Den Lachs herausnehmen und mit Küchenpapier trocken tupfen, die Marinade entsorgen. Den Grill bei mittlerer Hitze anheizen. Den Lachs auf dem Rost ohne Zugabe von Öl mit der Hautseite nach unten grillen, bis er knusprig ist, dann umdrehen und weitergrillen, bis das Fleisch gar ist und sich fest anfühlt. Den Lachs sofort servieren.

Japanischer brauner Reis

Für 6 Portionen

In Wahrheit ist dies gar kein echtes japanisches Rezept, sondern eine Erfindung unseres Sohnes Flavio. Er rührt einfach Sojasoße und fein gehackten eingelegten Sushi-Ingwer in den Reis. Die Einlegeflüssigkeit macht den Reis süß, der gehackte Ingwer macht ihn scharf und die Sojasoße würzig.

500 g gekochter brauner Reis (Genmai; alternativ Vollkornreis)
1 EL Sojasoße oder Tamari (als glutenfreie Alternative)
2 EL eingelegter Sushi-Ingwer, fein gehackt, plus 4 EL Einlegeflüssigkeit
1 Noriblatt (optional)

 bei Verwendung von Tamari

Den noch warmen oder auf Zimmertemperatur abgekühlten Reis mit Sojasoße oder Tamari, Ingwer und Einlegeflüssigkeit mischen. Das Noriblatt, falls verwendet, in ein paar Minuten unter dem vorgeheizten Backofengrill knusprig grillen und kurz vor dem Servieren über dem Reis zerkrümeln.

Reikos eingelegte Gurken

Für 6 Portionen

Zu jeder japanischen Mahlzeit gehört in Essig eingelegtes Gemüse. Verwenden Sie für dieses Rezept nach Möglichkeit libanesische Gurken, die besonders fest sind und wenig Kerne haben. Falls Sie nur herkömmliche Salatgurken bekommen, schneiden Sie diese der Länge nach auf und entfernen Sie die Kerne mit einem Löffel, damit der Salat nicht wässrig wird.

150 g libanesische Gurke oder Salatgurke
Salz
100 ml japanischer Reisessig
70 g feiner Zucker

Die Gurke auf einem mit Salz bestreuten Brett hin- und herrollen, um die Schale zu reinigen und zu verhindern, dass sie bitter wird. Die Gurke anschließend der Länge nach halbieren – falls eine Salatgurke verwendet wird, mit einem Löffel entkernen – und längs in ca. 5 mm dicke Scheiben schneiden. Die Gurkenscheiben in ein Sieb geben, leicht mit Salz bestreuen und abtropfen lassen.

Essig, Zucker und 1½ TL Salz in einem kleinen Topf mit 175 ml Wasser erhitzen, bis sich der Zucker aufgelöst hat. Vom Herd nehmen, in eine Schüssel gießen und abkühlen lassen.

Die Gurkenscheiben zugeben und max. 10 Minuten in der Flüssigkeit ziehen lassen (ziehen sie länger, werden sie matschig). Anschließend die Gurkenscheiben gründlich abtropfen lassen. Sofort servieren oder einige Tage im Kühlschrank aufbewahren.

Möhren mit Sesam & Chili

Für 6 Portionen

Dieses Rezept stammt von unserem Sohn Flavio, der Möhren und asiatische Küche gleichermaßen liebt. Es baut auf einem japanischen Kinpira-Salat aus Möhren und japanischer Klettenwurzel (Gobo) auf. Man kann diesen Salat sofort essen oder ihn für den folgenden Tag zubereiten. Er passt nicht nur zu japanischen Gerichten, sondern auch zu gegrilltem Fleisch, das er durch seine milde Schärfe gut ergänzt. Flavio verwendet dafür neutrales Traubenkernöl.

400 g Möhren oder 300 g Möhren und 100 g Pastinaken, in Streifen gehobelt
¼–½ scharfe Chilischote, je nach Geschmack, fein gehackt
2 EL Traubenkernöl
1 TL geröstetes Sesamöl
1 EL Tahin
1 EL Tamari (als glutenfreie Alternative) oder Sojasoße
5 Stängel Schnittlauch, in feinen Röllchen
1 TL schwarze Sesamsamen

 bei Verwendung von Tamari

Die gehobelten Möhren mit der Chili in einer großen Pfanne oder einem Wok in ca. 5 Minuten im Traubenkernöl pfannenrühren, bis sie weich sind.

Sesamöl, Tahin und Tamari oder Sojasoße in einer kleinen Schüssel mischen, mit dem Schnittlauch in die Pfanne geben und alles vermengen. Sofort oder auf Zimmertemperatur abgekühlt und mit Sesamsamen bestreut servieren.

Wakame-Algen-Salat

Für 6 Portionen

Wakame ist eine in Asialäden und gut sortierten Supermärkten erhältliche Algenart. Drücken Sie die Algen nach dem Einweichen gut aus, damit der Salat nicht verwässert. Seien Sie sparsam mit der Verwendung von Sojasoße – Nicht-Japaner nehmen häufig zu viel davon und überdecken so die feinen Aromen der restlichen Zutaten.

10 g getrocknete Wakame-Algen
2 EL Reisessig
1 EL Tamari (als glutenfreie Alternative) oder Sojasoße
1 TL frisch geriebener Ingwer
2 TL milder Honig
¼–½ scharfe rote Chilischote, je nach Geschmack, fein gehackt
1 TL geröstetes Sesamöl
2 Frühlingszwiebeln, in feinen Ringen
1 EL geröstete Sesamsamen

 bei Verwendung von Tamari

Wakame-Algen in eine große Schüssel legen und mit kochendem Wasser begießen. Ca. 10 Minuten einweichen. Dann unter fließendem kaltem Wasser abspülen und abtropfen lassen.

Essig, Tamari oder Sojasoße, Ingwer, Honig, Chili und Sesamöl vermischen. Ausgedrückte Algen und Frühlingszwiebeln zugeben und alles gut vermengen. Auf einer Servierplatte anrichten und sofort mit gerösteten Sesamsamen bestreut servieren.

Indischer Blumensalat mit Zahdas Tandoori-Lachs & Garnelen

Für 6 Portionen

Dieses Rezept kommt aus dem Punjab, aus dem die Familie der TV-Köchin Zahda Saeed stammt. Tandoori wird traditionell mit Hähnchen zubereitet, funktioniert aber auch mit Fisch und Garnelen. Wenn Sie lieber Hähnchenschenkel nehmen, sollten Sie diese 10–20 Minuten länger garen. Zahda mariniert Fisch oder Fleisch häufig schon am Vorabend und serviert das Gericht mit warmem Pitabrot und Salat. Das Eigelbpulver verleiht dem Fisch einen kräftigen orangegelben Farbton; es kann aber auch weglassen oder durch Kurkuma ersetzt werden.

Für Fisch, Garnelen und Marinade:

1 kg Lachsfilet mit Haut, entgrätet (alternativ 1,2 kg Hähnchenschenkel mit Haut, ohne Knochen)
8–10 ungeschälte Black Tiger Prawns
2 TL Salz
Saft von 1 Zitrone
100 g Naturjoghurt
6 Knoblauchzehen, gerieben
½ TL Ajowan oder getrockneter Salbei (optional)
2–3 gehäufte TL Chilipulver, je nach Geschmack
2 TL gemahlener Kreuzkümmel
1 EL Garam Masala
1 TL milder Honig
½ TL Kreuzkümmelsamen
¼ TL Eigelbpulver oder Kurkuma zum Färben (optional)

Für den Indischen Blumensalat:

25 g frische oder getrocknete Kokosraspel
50 g Cashewkerne
2 große Handvoll aromatische Salatblätter, z. B. Kopfsalat, Romanasalat, Rucola, Senfblätter, Mizuna oder Brunnenkresse
1 Mango, in 2 cm großen Würfeln
10 Kirschtomaten, halbiert
1 Avocado, in Scheiben
1 große Handvoll essbare Blüten, z. B. Brunnenkresse-, Borretsch-, Thymian-, Salbei- oder Korianderblüten

Für das Dressing:

4 EL Olivenöl
Abrieb von ½ und Saft von 1 Bio-Limette
1 TL milder Honig
¼–½ rote Chilischote, je nach Geschmack, fein gehackt
Salz und frisch gemahlener schwarzer Pfeffer

Den Lachs in 5 cm große Würfel schneiden und mit den Garnelen in eine Schüssel geben. Mit Salz und Zitronensaft mischen und 10 Minuten ziehen lassen.

Die verbleibenden Zutaten für die Marinade in einer zweiten großen Schüssel verrühren. Den Fisch und die Garnelen mit dem Saft aus der ersten Schüssel untermischen und das Ganze zugedeckt für mind. 1 bis max. 12 Stunden im Kühlschrank marinieren lassen.

Den Backofen auf 200 °C vorheizen. Die Lachsstücke auf den Gitterrost legen; darunter eine Fettpfanne platzieren. Den Lachs mit der übrigen Marinade aus der Schüssel beträufeln und in 15–20 Minuten garen. Die Garnelen in den letzten ca. 5 Minuten zugeben und ebenfalls garen.

Für den Indischen Blumensalat die Kokosraspel und Cashewkerne getrennt voneinander auf einem Blech im Ofen oder in einer Pfanne goldbraun rösten. Aufpassen, dass nichts anbrennt. Anschließend abkühlen lassen.

Alle Salatzutaten außer den Blüten in eine Schüssel füllen.

Für das Dressing alle Zutaten mischen und mit Salz und Pfeffer abschmecken. Den Salat damit beträufeln. Lachs und Garnelen darauf anrichten und mit Blüten bestreut servieren.

Tipp:
Lachs und Garnelen (oder Fleisch) können auch auf dem Holzkohlegrill gegart werden. Einfach auf einen Spieß stecken und darauf achten, dass sie gut durchgegart sind.

Mexikanisch

Scharfe Tomatensalsa (oben links – S. 171); Fischtacos mit Koriander-Krautsalat (Mitte – S. 116); Salsa aus Ananas und Ingwer (unten rechts – S. 188)

Fischtacos mit Koriander-Krautsalat

Für 4–6 Portionen

In den USA verwendet man für Fischtacos häufig Wels oder Goldmakrele, doch eigentlich eignet sich hierfür jeder Fisch mit festem weißem Fleisch, z. B. Schellfisch oder Kabeljau. Bei schonender Zubereitung schmeckt auch Wolfsbarsch köstlich; außerdem nehmen wir gerne Lachs, der mit seinem kräftigen Eigengeschmack gut gegen die Gewürze bestehen kann. Tacos sind gefüllte Tortillas, also gefüllte knusprige oder weiche Maisfladen. Meine in den USA lebende Schwester Louise zeigte mir, wie man Fischtacos zubereitet und dass man den Fisch und die knusprige Haut nach dem Garen auseinanderzupft. Man kann den Fisch und alle anderen Zutaten auch in große Salatblätter wickeln, doch unsere Kinder mögen weiche Tortillas lieber – im Restaurant servieren wir beide Varianten.

Dies ist eines der wenigen Rezepte, für das wir Knoblauchpulver empfehlen. Als Soßen schmecken Guacamole (S. 182) oder Salsa aus Ananas & Ingwer (S. 188) besonders gut.

Für den Krautsalat:

300 g Weiß- oder Rotkohl, in sehr feinen Streifen
3 Frühlingszwiebeln, schräg in dünne Ringe geschnitten
2 EL Korianderblättchen, grob zerzupft
½–1 Chilischote, je nach Geschmack, fein gehackt
Salz

Für den Fisch:

½ TL Chipotle-Chilipulver oder geräuchertes scharfes Paprikapulver
1 TL edelsüßes Paprikapulver
4 TL gemahlener Kreuzkümmel
2 TL Knoblauchpulver
1 TL Salz
1 kg weißfleischiges Fischfilet, z. B. Wolfsbarsch, Schellfisch, Kabeljau oder Seebrasse, mit Haut
2 EL Olivenöl
frisch gemahlener schwarzer Pfeffer

Außerdem:

8–10 Maistortillas oder große Salatblätter
2 Avocados, in Scheiben
2 Limetten, geviertelt
1 Handvoll Korianderblättchen
300 g saure Sahne, Guacamole (S. 182), Pico di Gallo (S. 188) oder Scharfe Tomatensalsa (S. 171)

Für den Krautsalat alle Zutaten in einer Schüssel vermengen. In diesen Salat kommt kein Dressing, damit die Tacos nicht durchweichen.

Den Backofen auf 180 °C vorheizen.

Für den Fisch die Gewürze in einer kleinen Schüssel mischen. Die Filets auf ein Schneidebrett legen und gleichmäßig auf beiden Seiten mit der Gewürzmischung bestreuen. Diese mit den Händen leicht einmassieren. Die Filets anschließend mit der Hautseite nach unten auf ein Backblech mit Backpapier legen. Das Olivenöl darüberträufeln und das Blech in den Ofen schieben. Stattdessen kann der Fisch auch in einer beschichteten Pfanne gebraten werden. Je nach Größe sind die Filets nach 5–10 Minuten gar. In der Pfanne gebratenen Fisch umdrehen, sobald die Haut knusprig ist. Kurz vor dem Servieren den Fisch in mundgerechte Stücke zupfen und mit Pfeffer würzen.

Fischstücke, Tortillas und Avocadoscheiben mit dem Saft eines Limettenviertels beträufeln. Dann mit den übrigen Limettenvierteln, Salat, Koriander und den in separate Schälchen gefüllten Soßen auf einer großen Servierplatte verteilen, sodass sich jeder seinen Taco nach Belieben zusammenstellen kann.

Thunfischsalat Hawaii

Für 4–6 Portionen

Meinem in L. A. lebenden Neffen Robbie verdanke ich dieses geniale hawaiianische Rezept, von dem ich zuvor noch nie gehört hatte. Dieser auch Poke (ausgesprochen: Pokai) genannte Salat wird in Los Angeles überall angeboten. Der Name ist vom hawaiianischen Wort für »schneiden« abgeleitet – der Thunfisch wird so klein geschnitten, dass er das Dressing rasch aufnimmt. Man isst ihn aus Schalen, die oft auch heißen Reis, Avocado und Salat enthalten.

Dieser Thunfischsalat ist schnell zubereitet, er funktioniert aber nur mit für Sashimi geeignetem oder aber gefrorenem Thunfisch, da der Fisch roh gegessen wird. Der Reis wird nur mit dem milden, leicht süßlichen Reisessig und mit Salz gewürzt oder aber nach dem Rezept (S. 108) unseres Sohnes Flavio zubereitet, also mit gehacktem Sushi-Ingwer und Tamari.

Für das Dressing:

1–2 EL Wasabipaste, je nach Geschmack

Saft von 1 Limette

2 EL Tamari (als glutenfreie Alternative) oder Sojasoße

1 TL Sesamöl

½ TL Ingwer, fein gerieben

Für den Thunfischsalat:

450 g sehr frischer Gelbflossen-Thunfisch, in 1,5 cm großen Würfeln

3 Frühlingszwiebeln, fein gehackt

1 kleine Handvoll Korianderblättchen

300 g Vollkorn- oder Basmatireis

2 EL Reisessig

Salz

1 Avocado, in 1,5 cm großen Würfeln

1 EL geröstete helle oder schwarze Sesamsamen

¼–½ rote Chilischote, je nach Geschmack, sehr fein gehackt

Für das Dressing Wasabipaste, Limettensaft, Tamari oder Sojasoße, Öl und Ingwer in einer Schüssel mischen und abschmecken. Die Schärfe des Wasabi und die Säure der Limette sollten deutlich hervortreten. Das Dressing im Kühlschrank ziehen lassen.

Thunfisch, Frühlingszwiebeln und Koriander vermengen und kalt stellen.

Den Reis nach Packungsanweisung garen. Anschließend abtropfen lassen und in einer Schüssel mit Reisessig und Salz würzen.

Die Thunfischmischung behutsam mit Avocadowürfeln und Dressing vermengen. Den Reis in Schalen füllen und den Thunfischsalat darauf anrichten. Mit Sesamsamen und Chili bestreuen und sofort servieren.

 bei Verwendung von Tamari

5

Salate aus dem Garten

Geröstete Rote Bete, Linsen, Walnüsse & Ziegenquark

Spargel mit Tomatensoße & gebackenem Zitronenricotta

Halloumi & Fenchelsalat mit Orangenvinaigrette

Ofenkürbis, Brokkoli & Bacon mit Honig-Senf-Dressing

Geröstetes Gemüse mit Kritharáki, Basilikum, Pinienkernen & Parmesan

Rote-Bete-Bratlinge mit Sprossen & Avocado-Joghurt-Dressing

Zucchini-Carpaccio mit Melone & Ricotta

Portobello-Pilze, Sellerie & schwarze Knoblauchcroûtons

Grünkohl, Butternusskürbis & Dinkel

Schwarzkohl mit Dattelvinaigrette & Sauerkirschen

Grüne Bohnen mit Mandel-Ingwer-Mus

Tomatensalat mit süßsaurer Zwiebelvinaigrette

Frühlingssalat

Reisnudelsalat im Glas mit Garnelen

Quinoa, Feta & Mais im Glas

Falafelsalat mit Hummus

Geröstete Brokkoliröschen mit Zitronendressing, Kapern & Kürbiskernen

Geriebene Möhren, Petersilie & Zitrone

Atsukos Sobanudelsalat mit Sesamvinaigrette

Jeremys Seidentofu mit Schnittknoblauch & Chili-Bohnen-Dressing

Geröstete Rote Bete, Linsen, Walnüsse & Ziegenquark

Für 4 Portionen

Wir ziehen im Garten Rote Bete, die wir gerne in diesem Salat verarbeiten. Der Geschmack der erdig-süßen Knollen wird durch das Rösten noch intensiver, doch wenn man sie im Ganzen in den Ofen gibt, kann es ewig dauern, bis sie gar sind. Wesentlich schneller geht es, wenn man sie in Spalten schneidet. Wir verwenden in diesem Rezept Linsen aus der Dose, Sie können aber auch eingeweichte Trockenlinsen nehmen.

Ziegenquark besticht durch sein feines Aroma. Er passt sowohl zu würzigen als auch zu süßen Gerichten, besonders dann, wenn seine säuerliche Note einen passenden Gegenspieler hat, wie hier den Honig in der Vinaigrette.

Für den Salat:

5 frische Rote-Bete-Knollen
4 EL Olivenöl plus etwas extra
Salz und frisch gemahlener schwarzer Pfeffer
50 g Walnusshälften
1 rote Zwiebel, in dünnen Spalten
400 g gekochte Puy- oder Belugalinsen aus der Dose (240 g Abtropfgewicht)
1 Stange Staudensellerie, schräg in feine Scheiben geschnitten, plus ein paar Sellerieblätter
1 große Handvoll grob gehackte glatte Petersilie plus ein paar Blättchen extra zum Garnieren
100 g Ziegenquark, weicher Ziegenkäse oder Feta

Für die Vinaigrette:

3 EL Olivenöl
1 EL Balsamico
1 TL milder Honig
Salz und frisch gemahlener schwarzer Pfeffer

Den Backofen auf 200 °C vorheizen. Ein Blech mit Backpapier auslegen.

Die Rote Bete schälen und in max. 2 cm breite Spalten schneiden. Auf dem Blech verteilen und mit 2 EL Olivenöl, Salz und Pfeffer würzen. Mit Alufolie abdecken und das Blech für 30 Minuten in den Ofen schieben.

Die Walnüsse ebenfalls auf einem Blech verteilen und in den letzten ca. 6 Minuten Garzeit der Roten Bete im Ofen mitrösten. Herausnehmen und abkühlen lassen.

Die Zwiebel mit den restlichen 2 EL Öl zur Roten Bete auf das Blech geben und alles vermengen. Das Blech wieder in den Ofen schieben und das Gemüse in weiteren 20–30 Minuten ohne Alufolie rösten, bis es ordentlich Farbe bekommen hat.

Die Linsen in eine Schüssel geben. Alle Zutaten für die Vinaigrette verrühren und mit Salz und Pfeffer würzen. Die Vinaigrette mit den Linsen mischen. Die geröstete Rote Bete mit den Zwiebelspalten und dem ausgetretenen Bratensaft vom Blech zu den Linsen geben, alles gut vermengen und auf Zimmertemperatur abkühlen lassen.

Walnüsse, Sellerie und Petersilie untermischen, den Ziegenquark darauf anrichten oder den Käse darüberbröseln. Den Salat mit Sellerieblättern und Petersilie bestreuen, mit etwas Olivenöl beträufeln und mit frisch gemahlenem Pfeffer garniert servieren.

Spargel mit Tomatensoße & gebackenem Zitronenricotta

Für 4 Portionen

Weil sich dieses Gericht leicht zubereiten lässt und im Kühlschrank mehrere Tage frisch bleibt, eignet es sich ideal für Gäste. Die Soße passt auch ausgezeichnet zu gegrilltem Fisch, Lamm, Hähnchenbrust oder gebratenem Ziegenkäse. Die gerösteten Spargelstangen bilden einen reizvollen Kontrast zum weichen Ricotta, den man außerhalb der Spargelsaison aber auch zu gebuttertem Toast, gegrillten Zucchini und geschälten Paprikaschoten oder aromatischen Tomaten essen kann.

Für Ricotta und Spargel:

Butter zum Einfetten
250 g Ricotta, abgetropft
1 Ei
1 kleine Handvoll fein gehackte Thymianblättchen plus ein paar extra zum Garnieren
25 g Parmesan, fein gerieben
Abrieb von ½ Bio-Zitrone
250 g grüner Spargel, ohne holzige Enden
3 EL Olivenöl
1 Spritzer Zitronensaft

Für die Soße:

400 g Kirschtomaten
3 EL Olivenöl
etwas fein gehackte Chilischote oder Bio-Zitronenabrieb, je nach Geschmack (optional)

Außerdem:

Salz und frisch gemahlener schwarzer Pfeffer
1 Handvoll Mandelblättchen, geröstet, zum Servieren (optional)

Den Backofen auf 180 °C vorheizen. 4 kleine ofenfeste Förmchen (ca. 8 cm breit und 5 cm tief) großzügig mit Butter einfetten und mit Backpapier auslegen.

Für die Soße die Kirschtomaten in einem tiefen Blech verteilen und 20–30 Minuten im Ofen rösten. Anschließend abkühlen lassen und in einem Mixer glatt pürieren. Mit Olivenöl, Salz und Pfeffer sowie je nach Geschmack mit etwas Chili oder Zitronenabrieb würzen. In ein Schraubglas gefüllt, bleibt die Soße im Kühlschrank bis zu 1 Woche frisch.

Den gut abgetropften Ricotta in einer Schüssel mit Ei, Thymian, Parmesan und Zitronenabrieb verrühren. Die Mischung in die Förmchen füllen und 30–40 Minuten im Ofen backen, bis die Käsemasse an der Oberseite goldbraun und fest ist. In der Zwischenzeit den Spargel auf einen Gitterrost legen, mit Salz und Pfeffer würzen, mit Olivenöl beträufeln und 15–20 Minuten im Ofen rösten, bis er weich ist.

Zitronenricotta auf Teller stürzen und entweder sofort oder auf Zimmertemperatur abgekühlt mit dem Spargel servieren. Mit 1 Spritzer Zitronensaft beträufeln und mit der Tomatensoße anrichten. Mit Mandelblättchen und Thymian garnieren.

Halloumi & Fenchelsalat mit Orangenvinaigrette

Für 4–6 Portionen

Giancarlo erlernte die Zubereitung dieser süß-säuerlichen Orangenvinaigrette im Restaurant Bistrot de Venise in Venedig, und wir verwenden sie ständig. Die Vinaigrette kann gut im Voraus zubereitet werden, doch der Halloumi kommt erst kurz vor dem Servieren in die Pfanne.

Für Fenchelsalat und Halloumi:
2 Fenchelknollen (insgesamt ca. 400 g), in 1 cm dicken Scheiben
2 EL Olivenöl
Salz und frisch gemahlener schwarzer Pfeffer
1 große Handvoll Brunnenkresse, Rucola oder Kopfsalatblätter
1 Handvoll kernlose grüne oder rote Weintrauben, halbiert
250 g Halloumi, in 5 mm dicken Scheiben
1 Handvoll Fenchelgrün oder Dillspitzen

Für die Vinaigrette:
1 TL Abrieb und 100 ml Saft von 2 kleinen Bio-Orangen
3 EL Olivenöl
Salz und frisch gemahlener schwarzer Pfeffer

Die Fenchelscheiben in einem Topf 5–10 Minuten kochen. Abtropfen lassen.

Währenddessen den Backofen auf 180 °C vorheizen. Ein Blech mit Backpapier auslegen. Die Fenchelscheiben darauf verteilen, mit Öl einpinseln und mit Salz und Pfeffer würzen. In 20–30 Minuten goldbraun rösten. Herausnehmen und abkühlen lassen.

Für die Vinaigrette Orangenabrieb und -saft in einer kleinen Pfanne bei mittlerer Hitze einkochen, bis der Saft auf die Hälfte reduziert ist. Abkühlen lassen und mit Öl, Salz und Pfeffer verrühren

Den Salat auf einer großen Servierplatte anrichten, Fenchel und Trauben darauf verteilen. Die Halloumischeiben in einer trockenen beschichteten Pfanne auf beiden Seiten in ein paar Minuten goldgelb braten und auf dem Salat anrichten. Mit Vinaigrette beträufeln, mit Pfeffer würzen und mit Fenchelgrün oder Dill bestreuen. Sofort servieren.

Ofenkürbis, Brokkoli & Bacon mit Honig-Senf-Dressing

Für 6 Portionen

Für diesen Salat habe ich mich von meinem Neffen Jamie Ford inspirieren lassen, der beinahe sämtliche Mahlzeiten auf einem Backblech im Ofen zubereitet. Dieser Salat schmeckt besonders an kühler Herbstabenden. Er enthält Lebensmittel aus allen wichtigen Gruppen und eignet sich sowohl als vollwertige Mahlzeit wie auch als Beilage, z. B. zu Bratwürsten.

600 g Hokkaido- oder Butternusskürbis (alternativ Süßkartoffeln oder Taro), in max. 4 cm dicken Spalten
5 EL Oliven- oder Rapsöl
Salz und frisch gemahlener schwarzer Pfeffer
1 Brokkoli (ca. 300 g), in Röschen
6 Scheiben durchwachsener Bacon, in 2 cm breiten Streifen
2 EL Kürbiskerne
1 Rezept Honig-Senf-Dressing (S. 19)
75 g reifer Cheddar oder Parmesan, gehobelt
1 kleine Handvoll Rucola

Den Backofen auf 180 °C vorheizen. Ein Blech mit Backpapier auslegen.

Die Kürbisspalten mit 3 EL Öl in einer Schüssel vermengen und mit Salz und Pfeffer würzen. Anschließend auf dem Blech verteilen und in ca. 30 Minuten im Ofen garen. Brokkoli mit dem restlichen Öl mischen, mit Salz und Pfeffer würzen und nach 15 Minuten Garzeit mit dem Bacon zum Kürbis geben. Alles weiterbacken, bis das Gemüse weich und der Bacon knusprig ist.

Die Kürbiskerne auf einem zweiten Blech 5 Minuten mitrösten. Alles aus dem Backofen nehmen und in eine Schüssel füllen. Mit dem Dressing vermengen und mit Salz und Pfeffer abschmecken. Mit Käsespänen und Rucola garniert warm servieren.

Orientalisch

Fatoush (links – S. 167); Scharfe grüne Bohnen mit Tomaten (oben Mitte – S. 162); Quinoa-Kabsa mit Kernen & Rosinen (Mitte – S. 164); Rote Bete, Möhren, Mandeln & Dill (unten Mitte – S. 173); Marokkanische Auberginen-Tomaten-Pfanne (rechts – S. 159).

Geröstetes Gemüse mit Kritharáki, Basilikum, Pinienkernen & Parmesan

Für 10 Portionen

Dieser einfache, hübsch anzusehende Nudelsalat passt gut zu gegrilltem Fleisch oder Fisch, macht aber auch als vollwertige vegetarische Mahlzeit satt und glücklich. Sie können hierfür auch andere Gemüsesorten verwenden, z. B. Brokkoli, Fenchel und Auberginen. Rösten Sie das Gemüse im Backofen, in einer Grillpfanne oder auf dem Holzkohlegrill, so bekommt es ein leicht rauchiges Aroma. Die hier angegebene Rezeptmenge ist recht groß, da sich dieser Salat gut für Gäste oder als Mitbringsel zu einer Party eignet. Die Schüssel wird trotzdem schnell leer sein – und wenn nicht, schmecken etwaige Reste nach einer Nacht im Kühlschrank am nächsten Tag umso besser.

500 g Zucchini, in 1 cm dicken Scheiben
2 rote oder gelbe Paprikaschoten, in 1 cm dicken Streifen
2 rote Zwiebeln, in dünnen Spalten
20 Kirschtomaten
7 EL Olivenöl
2 TL getrockneter Oregano
Salz und frisch gemahlener schwarzer Pfeffer
6 Knoblauchzehen, leicht angedrückt
ein paar Thymianzweige
50 g Pinienkerne
500 g Kritharáki-Nudeln
30 g Parmesan, fein gerieben
30 g Basilikumblättchen, grob zerzupft, plus ein paar Blättchen extra zum Garnieren

Den Backofen auf 180 °C vorheizen. Das Gemüse in einer großen Schüssel mit 4 EL Olivenöl und Oregano vermengen. Dann kräftig mit Salz und Pfeffer würzen und mit Knoblauch und Thymian auf einem mit Backpapier ausgelegten Blech verteilen. Das Gemüse in 25–30 Minuten im Ofen garen.

Die Pinienkerne in 3–5 Minuten auf einem zweiten Backblech goldbraun rösten. Vom Blech nehmen und abkühlen lassen.

In der Zwischenzeit die Kritharáki-Nudeln nach Packungsanweisung garen. Abtropfen lassen und in einer großen Schüssel mit dem restlichen Olivenöl vermengen.

Das Gemüse aus dem Backofen nehmen und unter die noch warmen Nudeln mischen. Den Salat entweder auf Zimmertemperatur abkühlen lassen oder noch warm servieren. Pinienkerne und Parmesan untermengen, mit Salz und Pfeffer abschmecken und mit Basilikumblättchen garnieren.

Rote-Bete-Bratlinge mit Sprossen & Avocado-Joghurt-Dressing

Für 10 Bratlinge

Diese Bratlinge sind nicht nur sehr schmackhaft, sondern auch unglaublich gesund. Rote Bete strotzt nur so vor Vitaminen, Mineralien und Antioxidantien. Sie kann dazu beitragen, den Blutdruck zu senken, die Ausdauer zu verbessern und Herzerkrankungen vorzubeugen. Die Blätter schmecken ebenfalls gut und sind beinahe noch gesünder als die Knolle. Sie können auf dieselbe Weise wie Spinat zubereitet oder roh gegessen werden. Das in Kurkuma enthaltene Kurkumin wirkt entzündungshemmend. Sesamsamen sind reich an Omega-6-Fettsäuren, entzündungshemmenden Flavonoiden und Vitaminen. Und Avocados liefern nicht nur etliche Vitamine, sondern auch viel Kalium, das ebenfalls blutdrucksenkend wirken kann. Außerdem können sie zu einem niedrigen Cholesterinspiegel beisteuern, und ihr hoher Anteil an Ballaststoffen hält den Blutzuckerspiegel konstant.

Für die Bratlinge:

50 g Haferflocken (ggf. glutenfrei)

150 g frische Rote Bete, grob gerieben

1 Apfel, grob gerieben

100 g Feta, grob zerkrümelt

2 Frühlingszwiebeln, sehr fein gehackt

1 großes Ei

2 TL gemahlener Kreuzkümmel

1 TL gemahlene Kurkuma

Salz und frisch gemahlener schwarzer Pfeffer

50–75 g Sesamsamen

Für das Avocado-Joghurt-Dressing:

1 große Avocado, grob gehackt

8 EL griechischer Joghurt

1 kleine Knoblauchzehe

¼–½ rote Chilischote, je nach Geschmack

Saft von ½ Zitrone

Für den Salat:

1 große Handvoll Rote-Bete- oder andere Blätter, z. B. Roter Senf oder Rucola

1 große Handvoll Sprossen, z. B. Radieschen-, Amaranth-, Linsen-, Koriander- oder Kressesprossen

2 EL Olivenöl

1 EL Zitronensaft oder 1 Spritzer Essig

Salz und frisch gemahlener schwarzer Pfeffer

Den Backofen auf 200 °C vorheizen. Ein Backblech mit Backpapier auslegen.

Die Haferflocken im Mixer fein zerkleinern. Dann in einer großen Schüssel mit den restlichen Zutaten für die Bratlinge außer den Sesamsamen gründlich vermengen. Mit Salz und Pfeffer würzen. Aus dem leicht feuchten Teig mit den Händen 10 runde Bratlinge (8 cm ø und 2 cm dick) formen.

Die Sesamsamen auf einen Teller geben und die Bratlinge so darin wälzen, dass sie rundum mit Sesam bedeckt sind. Die Bratlinge auf das Blech legen und ca. 20 Minuten im Ofen backen, bis sie goldgelb und fest sind.

Für das Dressing alle Zutaten im Mixer glatt pürieren. Mit Chili und Zitronensaft abschmecken und abgedeckt im Kühlschrank ziehen lassen.

Die Salatblätter und Sprossen erst kurz vor dem Servieren mit Olivenöl und Zitronensaft oder Essig vermengen und mit Salz und Pfeffer würzen. Die Bratlinge noch warm oder auf Zimmertemperatur abgekühlt mit dem Salat und dem Avocado-Joghurt-Dressing servieren.

Übrig gebliebene Bratlinge halten sich in Frischhaltefolie gewickelt im Kühlschrank bis zu 3 Tage. Auch das Dressing bleibt in einem Schraubglas im Kühlschrank bis zu 3 Tage frisch.

 bei Verwendung von glutenfreien Haferflocken

Zucchini-Carpaccio mit Melone & Ricotta

Für 4–6 Portionen

Leicht und lieblich, mit einer blumig-fruchtigen Süße – noch hübscher wird dieser Salat, wenn Sie ihn mit auseinandergezupften Zucchiniblüten garnieren. Wir schneiden die Melonenbällchen mit einem kleinen Kugelausstecher heraus, aber Sie können das Fruchtfleisch auch mit einem Messer fein würfeln.

Für das Dressing:

½–1 grüne oder rote Chilischote, je nach Geschmack, in feinen Ringen
1 kleine Knoblauchzehe, fein gerieben
Abrieb von ½ Bio-Zitrone plus etwas extra
2 EL Olivenöl
Salz und frisch gemahlener schwarzer Pfeffer

Für den Salat:

3 Zucchini, in feinen Scheiben
4 gelbe Tomaten, in feinen Scheiben, oder 8 Kirschtomaten, halbiert
1 gelbe Paprikaschote, in feinen Streifen
1 Handvoll Basilikumblättchen
½ Honig- oder Cantaloupe-Melone (ca. 150 g Fruchtfleisch), in Bällchen oder Würfeln
100 g Ricotta, abgetropft

Alle Zutaten für das Dressing in einer Schüssel verrühren und mit Salz und Pfeffer abschmecken.

Die Hälfte der Zucchinischeiben, Tomaten und Paprika in einer Lage auf einer Servierplatte verteilen und mit etwas Dressing beträufeln. Darauf das restliche Gemüse legen und mit dem übrigen Dressing begießen. (In diesem Stadium kann der Salat für einige Stunden in den Kühlschrank gestellt werden, wenn er erst später serviert werden soll.)

Das Carpaccio kurz vor dem Servieren mit Basilikum und Melone garnieren. Aus dem Ricotta mithilfe von zwei Teelöffeln Nocken formen und auf dem Carpaccio verteilen. Mit Zitronenabrieb und frisch gemahlenem Pfeffer bestreut servieren.

Portobello-Pilze, Sellerie & schwarze Knoblauchcroûtons

Für 4 Portionen

Dieser »dunkle« Salat schmeckt an kalten Abenden am besten. Er eignet sich sowohl als veganer Hauptgang als auch als nahrhafte Vorspeise. Den unglaublich wohlschmeckenden schwarzen Knoblauch findet man über das Internet oder in Delikatessenläden. Er ist nicht so streng wie frischer Knoblauch, entwickelt aber durch das wochenlange Fermentieren ein volles, intensives Aroma. Es lohnt sich, ein Glas davon zu kaufen. Schwarzer Knoblauch schmeckt auf knusprigem Toast und in Salatdressings. Wenn Sie keinen bekommen, können Sie aber auch herkömmlichen Knoblauch verwenden.

Für den Salat:

50 g altbackenes Sauerteigbrot

2 TL Thymianblättchen

5 EL Olivenöl, plus 2 EL zum Einpinseln

6 schwarze Knoblauchzehen, grob gehackt, oder 1 dicke Knoblauchzehe, fein gehackt

Salz und frisch gemahlener schwarzer Pfeffer

4 große Portobello-Pilze (ca. 300 g)

1 große Handvoll rote Salatblätter, z. B. rote Senfblätter, Rote-Bete-Blätter oder Radicchio

1 Stange Staudensellerie, schräg in feine Scheiben geschnitten, plus 1 Handvoll Sellerieblätter

Für die Rotweinvinaigrette:

200 ml guter Rotwein

5 EL Olivenöl

2 TL Zitronensaft

2 TL milder Honig oder Ahornsirup (als vegane Alternative)

Salz und frisch gemahlener schwarzer Pfeffer

 bei Verwendung von Ahornsirup

Den Backofen auf 200 °C vorheizen. Ein Blech mit Backpapier auslegen.

Das Brot in ca. 2 cm große Stücke reißen, in einer Schüssel mit Thymian, Öl und Knoblauch vermengen und mit Salz und Pfeffer würzen. Die Croûtons auf dem Blech verteilen und in 5–7 Minuten knusprig backen. Anschließend abkühlen lassen. Den Backofengrill auf höchste Stufe vorheizen.

Die Portobello-Pilze putzen und mit 1 EL Öl einpinseln. Mit den Stielen nach unten auf einen Gitterrost legen und ca. 10 Minuten unter dem Backofengrill rösten. Dabei am besten eine Fettpfanne unterstellen. Die Pilze umdrehen, mit dem restlichen EL Öl einpinseln und weitergrillen, bis sie an den Rändern dunkel werden und komplett durchgegart sind. Anschließend warm halten.

Für die Vinaigrette den Wein in einem kleinen Topf zum Kochen bringen und auf ein Drittel (ca. 65 ml) reduzieren. Vom Herd nehmen und mit den übrigen Zutaten für die Vinaigrette verrühren. Mit Salz und Pfeffer abschmecken und abkühlen lassen.

Salatblätter, Sellerie und Sellerieblätter mit einem kleinen Teil der Vinaigrette vermengen und auf einer Servierplatte anrichten. Die Pilze darauf verteilen und ebenfalls mit etwas Vinaigrette beträufeln. Mit Knoblauch-Croûtons garnieren. Die übrige Vinaigrette separat dazu reichen.

Grünkohl, Butternusskürbis & Dinkel

Für 6 Portionen

Dies ist ein sehr einfach zuzubereitender warmer Salat, der entweder allein oder mit Käsesoße und Spiegeleiern zu einer vollwertigen leckeren Mahlzeit wird. Er eignet sich aber auch gut als Beilage zu Bratwürsten oder gegrilltem Fleisch. An stelle des Dinkels können Sie auch Vollkornreis, Roten Reis oder Quinoa verwenden.

200 g Dinkel
Salz
350 g Butternusskürbis und Süßkartoffel, beides in 1 cm dicken Stücken
2 rote Zwiebeln, in dünnen Spalten
3 ungeschälte Knoblauchzehen, leicht angedrückt
frisch gemahlener schwarzer Pfeffer
4 EL Olivenöl plus etwas extra
1 Handvoll junge Grünkohlblätter, größere Blätter zerzupft (alternativ Babyspinat)

Den Backofen auf 200 °C vorheizen. Ein Backblech mit Backpapier auslegen.

Den Dinkel nach Packungsanweisung in Salzwasser garen. Abtropfen lassen und beiseitestellen.

Kürbis, Süßkartoffel, Zwiebeln und Knoblauch auf dem Blech verteilen, mit Salz und Pfeffer würzen, mit Olivenöl beträufeln und gut durchmengen. Das Gemüse 25–30 Minuten im Ofen backen. Herausnehmen und mit dem Dinkel in eine große vorgewärmte Schüssel geben. Die gerösteten Knoblauchzehen aus den Schalen drücken und unter den Salat mischen. Mit Salz und Pfeffer abschmecken.

Die Grünkohlblätter ein paar Minuten mit etwas Öl und Salz zwischen den Händen reiben, bis sie etwas weicher werden. Mit den übrigen Zutaten vermengen und den Salat warm servieren.

Varianten Grünkohl & Cranberrys

Wenn Grünkohl roh gegessen werden soll, ist es besser, ihn etwas zu zerkleinern. Dazu die dicken Blattrippen entfernen. Die Blattrippen können dann gehackt und gekocht oder aber entsorgt werden. Die Blätter in mundgerechte Stücke zupfen und mit dem Saft von ½ Zitrone, 1 EL Olivenöl und ¼ TL Meersalz in einer Schüssel vermengen. Die Blätter 3–4 Minuten zwischen den Händen reiben. Dadurch werden sie etwas weicher. Entweder pur oder mit 1 Handvoll Cranberrys oder anderen süßen Trockenfrüchten und 1 EL gerösteten Sesamsamen servieren. Die Früchte machen der Salat süßer, durch die Sesamsamen wird er knuspriger.

Schwarzkohl mit Dattelvinaigrette & Sauerkirschen

Für 4–6 Portionen

Eine ganze Portion rohen Kohl zu essen ist nicht jedermanns Sache. Ein vollkommen neues Kohlerlebnis bietet jedoch das New Yorker Restaurant The Butcher's Daughter. Dort wird er nämlich als süßer Salat in Kombination mit Datteln, Kirschen und knusprigen Sonnenblumenkernen serviert. Die auseinandergezupften Kohlblätter sind sehr bekömmlich, und wir würden diesen Salat dort gerne öfter essen, wenn New York nicht so weit weg wäre. Verwenden Sie hierfür am besten getrocknete Kirschen oder Cranberrys ohne Zusatz von Zucker und Öl.

Für die Vinaigrette:
3 Medjool-Datteln, entsteint
3 EL Balsamicoessig
4 EL Olivenöl
Salz und frisch gemahlener schwarzer Pfeffer

Für den Salat:
30 g Mandelblättchen
250 g Schwarzkohl (Palmkohl), in Streifen
30 g Sonnenblumen- oder Kürbiskerne, geröstet
25 g getrocknete Sauerkirschen oder Cranberrys

Den Backofen auf 180 °C vorheizen.

Für die Vinaigrette alle Zutaten im Mixer glatt pürieren und mit Salz und Pfeffer abschmecken.

Die Mandelblättchen auf einem Backblech verteilen und in 3–5 Minuten im Ofen goldbraun rösten. Vom Blech nehmen, abkühlen lassen und grob hacken.

Alle Salatzutaten in einer großen Schüssel gründlich mit der Vinaigrette vermengen. Auf einer Servierplatte anrichten und entweder sofort servieren oder abgedeckt bis zu 2 Stunden im Kühlschrank ziehen lassen.

Grüne Bohnen mit Mandel-Ingwer-Mus

Für 4–6 Portionen

Wir lieben Mandelmus, und nachdem wir eine Weile damit experimentiert hatten, erfanden wir dieses Rezept, mit dem sich ein ganz einfaches Gemüse in eine asiatische Köstlichkeit verwandeln lässt. Uns schmeckt dieser Salat, so wie er ist, doch man kann auch noch geröstete Sesamsamen oder gehackte Mandeln darüberstreuen. Eine Schüssel davon genügt uns als leichtes Mittagessen – Sie können ihn aber auch gut mit anderen asiatischen Gerichten oder mit gegrilltem Fleisch kombinieren.

250–300 g grüne Bohnen
2 EL Mandelmus (alternativ Cashew- oder Erdnussbutter)
1 Knoblauchzehe, fein gerieben
1 Stück Ingwer (4 cm), fein gerieben
Meersalzflocken
1 kleine Handvoll geröstete gehackte Mandeln oder 1 EL geröstete Sesamsamen (optional)

Die Bohnen in einem Topf in 5–10 Minuten gar kochen oder dämpfen.

Währenddessen das Mandelmus mit den übrigen Zutaten bis auf die gerösteten Mandeln oder Sesamsamen und 2 EL Wasser zu einem dickcremigen Dressing verrühren. Die gegarten Bohnen gut abtropfen lassen und mit dem Dressing in einer Schüssel vermengen. Warm servieren oder auf Zimmertemperatur abkühlen lassen. Mit Meersalzflocken und nach Belieben mit gehackten Mandeln oder Sesam bestreuen.

Tomatensalat mit süßsaurer Zwiebelvinaigrette

Für 6 Portionen

Die Geschichte hinter diesem Rezept begann mit einem unglaublich leckeren Tomatensalat, den wir in dem wunderbaren New Yorker Restaurant Fat Radish aßen. Vollreife Tomaten alter Sorten waren mit einem besonders aromatischen, nach karamellisierten Zwiebeln schmeckenden Öl angemacht. Doch nichts am Aussehen dieses Salats verriet, dass auf der Zutatenliste Zwiebeln standen. Ungefähr zur selben Zeit gab uns Silvia Nacamulli ein italienisch-jüdisches Rezept für gebratene süßsaure Zwiebeln. Der bei der Zubereitung entstandene Saft besaß genau den Geschmack, nach dem wir gesucht hatten, und so kombinierten wir das Beste aus beiden Rezepten. Die karamellisierten Zwiebeln eignen sich gut als Antipasti oder Partyhappen.

Für die Zwiebelvinaigrette:

500 g Perlzwiebeln

100 ml Olivenöl

Salz

3 EL Apfel- oder Weißweinessig

3 EL Marsala oder anderer Dessertwein

2–3 TL milder Honig oder Ahornsirup (als vegane Alternative, beides optional)

Für den Salat:

1 kg Tomaten alter Sorten

ein paar Portulakblätter, Kapuzinerkresse oder Babyspinat

ein paar Blättchen rotes oder herkömmliches Basilikum

Maldon-Meersalz und frisch gemahlener schwarzer Pfeffer

 bei Verwendung von Ahornsirup

Die Zwiebeln vor dem Schälen 5 Minuten in lauwarmes Wasser legen. Abtropfen und vom holzigen Teil des Wurzelansatzes befreien, aber darauf achten, dass die Zwiebeln nicht auseinanderfallen. Das Olivenöl in einer Pfanne mit dickem Boden erhitzen und die Zwiebeln bei starker Hitze mit 1 Prise Salz anbraten. Die Temperatur reduzieren und 2 EL warmes Wasser, Essig, Marsala und, falls verwendet, Honig oder Ahornsirup zugeben. Die Pfanne abdecken und die Zwiebeln 20–30 Minuten köcheln lassen. Zwischendurch gelegentlich umrühren. Abkühlen lassen und mit einem Schaumlöffel herausheben. Den größten Teil des Bratensaftes für den Tomatensalat beiseitestellen. Die Zwiebeln als Antipasti servieren.

Die Tomaten putzen, in Spalten oder Scheiben schneiden, auf einer Servierplatte anrichten und mit dem Zwiebelsaft beträufeln. Nicht verwendete Zwiebelvinaigrette hält sich im Kühlschrank 1 Tag. Die Tomaten mit Salatblättern und Basilikum garnieren und mit etwas Meersalz und frisch gemahlenem Pfeffer bestreuen.

Frühlingssalat

Für 4–6 Portionen

Bereits im 17. Jahrhundert tadelt der italienische Schriftsteller und Gärtner Castelvetro die Engländer, weil sie zu viel Fleisch und zu wenig Gemüse und Salat essen. Er macht auf all die Blumen und Kräuter aufmerksam, die, obwohl sie überall zu finden sind, einfach übersehen werden. Einen gemischten Frühlingssalat bezeichnet er als »den besten und wunderbarsten von allen. Nehmen Sie dafür junge Minzblätter, Gartenkresse, Basilikum, Zitronenmelisse, Pimpinelle, Estragon, Zweiknotigen Krähenfuß, Fenchelgrün, Rucola, Sauerampfer, Rosmarinblüten, süße Veilchen und die zartesten Blätter eines Kopfsalats.«

Jahrhunderte später mangelt es den englischen grünen Salaten immer noch an Fantasie. Ich habe zwar jahrelang Bärlauch, junge Brennnesseln und wilden Fenchel gesammelt, doch erst vor Kurzem nahm ich an einem Kräuterkurs von John Renster von Forage London teil. John meint: »Ein Salat sollte wie eine interessante Unterhaltung sein. Eine würzige Blüte wie die der Kapuzinerkresse oder ein Blatt der Wegwarte verleihen dem angenehm milden grünen Salat eine spannende Note.«

Wild wachsende Kräuter machen Ihren Salat zu etwas Besonderem. Werden Sie kreativ mit dem, was Sie beim morgendlichen Spaziergang gefunden haben. Unsere Ausbeute an einem regnerischen Frühlingstag waren Löwenzahn, Veilchen, Borretsch, Knoblauchrauke, Rucola, Wegerich, Süßdolde, Primel und Kapuzinerkresse. Sie können sich aber natürlich auch an Castelvetros Empfehlungen halten oder Ihren Kopfsalat mit Salbeiblüten, Petersilie, Dill, Ringelblumen, essbaren Gänseblümchen, Weißem Gänsefuß, Wegwarte, Schnittlauch und Schnittlauchblüten veredeln.

Wir essen zu diesem Salat gekochte Eier, aber auch Brathähnchen, Ziegenkäse oder eine Handvoll geröstete Kürbiskerne passen gut dazu.

Für den Salat:
150 g gemischte Salatblätter (s. oben)
1 Knoblauchzehe, halbiert
essbare Blüten (s. oben) zum Garnieren

Für das Dressing:
4 EL Rapsöl
1 EL Apfelessig
4 TL grober Senf
2 TL milder Honig
Salz und frisch gemahlener schwarzer Pfeffer

Die Salatblätter waschen und trocknen (s. S. 10). Eine große Servierplatte mit der Knoblauchzehe einreiben.

Alle Zutaten für das Dressing in einer großen Schüssel verrühren und mit Salz und Pfeffer abschmecken. Die Blätter grob auseinanderzupfen und in der Schüssel mit dem Dressing vermengen. Den Salat auf der mit Knoblauch eingeriebenen Servierplatte anrichten und mit Blüten garnieren.

Salat im Glas

Wie sind wir nur zurechtgekommen, bevor jemand auf die geniale Idee kam, Salat in einem Glas mit zur Arbeit zu nehmen? Während manche immer noch ihre belegten Brote in einer alten Margarinedose ins Büro schmuggeln, haben sich andere für die wesentlich schickere und gesündere Lösung entschieden, sich in der Mittagspause einen Salat im Glas zu gönnen. Und weil Glas durchsichtig ist, können alle sehen, was drin ist.

Salat im Glas wird in Schichten aufgebaut, und das Glas sollte so in die Tasche gestellt werden, dass es nicht umkippen kann. Wenn Sie Zutaten aller Lebensmittelgruppen kombinieren, bekommen Sie am Nachmittag nicht so schnell Heißhunger auf Süßes. Achten Sie also darauf, dass Ihr Salat Eiweiß, stärkehaltige Hülsenfrüchte oder Getreide, Gemüse, Obst und Salatblätter enthält. Salate im Glas eignen sich aber nicht nur für die Mittagspause, sondern auch für Partys, da man sie vorher bequem zubereiten kann und später nur noch jedem Gast ein Glas und einen langen Löffel in die Hand zu drücken braucht. Praktisch sind sie auch für Buffets und Stehpartys.

Beim Füllen der Gläser beginnen Sie ganz unten mit der Salatsoße. Darüber kommen Gemüse, die vom Dressing nicht matschig werden, wie Möhren, Gurken oder grüne Bohnen und Hülsenfrüchte. Es folgt wieder eine Gemüseschicht, z. B. geriebene Möhren, oder aber Obst oder Kohl. Darauf geben Sie proteinhaltige Zutaten wie gekochtes Hühnchen, Käse, Kichererbsen, Nüsse, Quinoa oder Dinkel. Als weitere Schicht folgen Beeren, etwa Heidelbeeren oder Erdbeeren, oder aber Tomaten, die ganz unten zerdrückt würden. Zuoberst kommt die leichteste Schicht, z. B. Kräuter und Salatblätter, knusprige Baconwürfel oder Croûtons. Dann brauchen Sie nur noch den Deckel zuzuschrauben – et voilà, Ihr gesundes Mittagessen ist reisefertig. Stellen Sie es an ihrem Arbeitsplatz einfach in den Gemeinschaftskühlschrank. Vor dem Essen wird das Glas umgedreht und geschüttelt, damit sich die Salatsoße verteilt. Man kann den Salat mit einem Löffel oder einer Gabel essen oder ihn in einen Teller stürzen.

Reisnudelsalat im Glas mit Garnelen

Für 2 Gläser (à 500–750 ml)

Wenn Sie nach dem Mittagessen noch viel Kontakt zu Kollegen oder Kunden haben, können Sie die Frühlingszwiebeln auch weglassen. Ansonsten wässern Sie sie 15–20 Minuten in kaltem Wasser, um sie zu entschärfen. Dieser Salat bleibt in einem Schraubglas im Kühlschrank bis zu 2 Tage frisch, sodass er sich gut im Voraus zubereiten lässt.

100 g Reisnudeln
1 EL neutrales Öl, z. B. Erdnuss- oder Traubenkernöl
2 EL Erdnuss- oder Cashewkerne
6 EL Soja-Ingwer-Dressing oder Koreanische Sesam-Joghurt-Soße (S. 18)
½–¼ rote oder grüne Chilischote, je nach Geschmack (optional)
1 Möhre, grob gerieben
½ rote Paprikaschote, in feinen Streifen
2 Frühlingszwiebeln, in feinen Scheiben (optional)
150 g gekochte geschälte Garnelen
1 kleine Handvoll Salatblätter
1 kleine Handvoll Korianderblättchen

 bei Verwendung von Tamari im Soja-Ingwer-Dressing

Die Reisnudeln nach Packungsanweisung garen. Anschließend abschrecken und gut abtropfen lassen. Mit dem Öl vermengen und beiseitestellen.

Die Nüsse in einer trockenen Pfanne goldbraun rösten. Vom Herd nehmen, abkühlen lassen und grob hacken.

Das Dressing auf zwei Gläser verteilen und, falls verwendet, Chili einrühren. Darauf Möhre, Paprika und, falls verwendet, Frühlingszwiebeln geben. Dann Garnelen, Nudeln und Salatblätter einfüllen. Mit Nüssen und Koriander bestreuen, die Gläser zuschrauben und kalt stellen.

Quinoa, Feta & Mais im Glas

Für 2 Gläser (à 500–750 ml)

Die köstliche Kombination aus süßem Mais und salzigem Feta lernten wir im Pulqueria lieben, einem mexikanischen Restaurant mitten in New York. Der Salat wurde in einem Glas und mit einem langen Löffel serviert, und nach ein paar Margaritas fantasierten wir, was wohl noch alles in ein Glas passen und mit einem Löffel wieder daraus hervorgeholt werden könnte. Auf jeden Fall Quinoa und Kirschtomaten und eine Mischung aus Limettensaft und Koriander – all das macht das Leben ganz allgemein lebenswerter. Wenn Sie frische Zuckermaiskolben zur Hand haben, dann kochen Sie sie, schneiden Sie die Körner von den Kolben und verwenden Sie sie anstelle von Dosenmais. Sie können für dieses Rezept sowohl Reste des Salats aus alten Getreidesorten (S. 157) verwerten als auch frisch gekochte Quinoa. Dieser Salat bleibt in einem Schraubglas im Kühlschrank bis zu 2 Tage frisch, sodass er sich gut im Voraus zubereiten lässt.

80 g Quinoa
2 EL Limettensaft
6 EL Olivenöl
Salz und frisch gemahlener schwarzer Pfeffer
120 g gekochte Maiskörner, frisch oder aus der Dose
80 g Feta, zerkrümelt
einige ganze Kirschtomaten
1 Handvoll Salatblätter
1 kleine Handvoll Korianderblättchen, grob zerzupft

Quinoa nach Packungsanweisung garen und abkühlen lassen.

Limettensaft und Öl auf die Gläser verteilen, mit Salz und Pfeffer würzen und mit zugeschraubten Deckeln kräftig durchschütteln. Darauf Mais und Feta geben. Quinoa mit Salz und Pfeffer würzen und in die Gläser füllen. Darauf als oberste Schicht Kirschtomaten und je 1 Handvoll vermischte Salatblätter und Koriander geben. Die Gläser verschließen und kalt stellen.

Indisch

Papis & Ranjits Kraut & Möhren mit Erbsen (ganz oben – S. 175); Frisches Mangochutney (Mitte links – S. 188); Gebratener Blumenkohl in Garam Masala mit Mango-Joghurt-Dip (unten links – S. 48); Pikanter nepalesischer Zwiebel-Kartoffel-Salat (Mitte – S. 172); Gurkenraita (ganz rechts – S. 185)

Falafelsalat mit Hummus

Für ca. 20 Falafel

Dieses Rezept für typisch jüdische Falafel verdanken wir der Spezialistin für jüdische Küche Silvia Nacamulli. Silvia riet mir, hierfür getrocknete Kichererbsen zu verwenden und sie über Nacht einzuweichen, weil Kichererbsen aus der Dose schnell matschig werden und beim Garen zerfallen.

Das Rezept für das Hummus stammt wiederum von unserer kuwaitischen Freundin Amal. Sie püriert es ganz fein – wenn Sie es lieber stückig mögen, schalten Sie den Mixer einfach früher aus. Hummus hält sich im Kühlschrank 4 Tage, sodass Sie davon am besten einen kleinen Vorrat anlegen, den Sie mit geröstetem Pitabrot, zu Salaten oder zum Frühstück auf Toast genießen können.

Für die Falafel:
250 g getrocknete Kichererbsen, über Nacht in Wasser eingeweicht, abgetropft
1 kleine Zwiebel, grob gehackt
1 EL edelsüßes Paprikapulver
2 TL gemahlener Kreuzkümmel
3 Knoblauchzehen, grob gehackt
1 kleine Handvoll glatte Petersilie
1 große Handvoll Korianderblättchen
¾–1 TL Salz und frisch gemahlener schwarzer Pfeffer
1 EL geröstete Sesamsamen plus 3–4 EL extra zum Wälzen (optional)
1 l Oliven-, Maiskeim- oder Sonnenblumenöl zum Frittieren

Für das Hummus:
800 g Kichererbsen aus der Dose, abgetropft
4 EL griechischer Joghurt oder kaltes Wasser (als laktosefreie Alternative)
150 ml Olivenöl plus 2 EL extra
2 dicke Knoblauchzehen
Saft von 1 großen Zitrone (ca. 5 EL), je nach Geschmack mehr
4–5 EL Tahin
ca. 1½ TL Salz
ca. ¼ TL frisch gemahlener schwarzer Pfeffer
1 TL Sumach

Serviervorschläge:
1 Handvoll fein gehackte Korianderblättchen, Tahin-Zitronen-Dressing (S. 18), Zaziki (S. 92), Geriebene Möhren, Petersilie & Zitrone (S. 148), Taboulé (S. 68), Pitabrot, knackige Salatblätter, Oliven, Tomatenscheiben, scharfe eingelegte Peperoni, Gurken- oder Gewürzgurkenscheiben

Für die Falafel die Kichererbsen im Mixer ca. 30 Sekunden zerkleinern. Zwiebel, Paprika, Kreuzkümmel, Knoblauch, Petersilie, Koriander sowie Salz und Pfeffer zugeben und weiter zerkleinern, bis die Mischung die Konsistenz grober Semmelbrösel hat. Dann 1 EL Sesamsamen zufügen und untermischen. Den Falafelteig 20–30 Minuten im Kühlschrank ziehen lassen.

Alle Zutaten für das Hummus außer 6 Kichererbsen und Sumach im Mixer pürieren. Mit Zitronensaft, Tahin, Salz und Pfeffer abschmecken, in einen Teller füllen und mit 2 EL Olivenöl beträufeln. Das Benetzen mit Öl verhindert das Austrocknen. Das Hummus mit Sumach bestreuen und mit den beiseitegelegten Kichererbsen garnieren.

Aus dem Falafelteig ca. 20 walnussgroße Kugeln oder Nocken formen. Die Sesamsamen, falls verwendet, in eine Schüssel geben und die Falafel darin nacheinander wälzen, bis sie rundum mit Sesam bedeckt sind.

Das Öl in einer großen, hohen Pfanne oder einem Wok erhitzen. Sobald es sehr heiß ist, die Falafel portionsweise hineingeben und auf beiden Seiten ca. 2 Minuten frittieren. Auf Küchenpapier abtropfen lassen und warm oder auf Zimmertemperatur abgekühlt mit dem Hummus und einer Auswahl von Beilagen servieren.

Für würziges geröstetes Pitabrot:
Ein Pitabrot in ca. 4 cm breite Streifen schneiden und diese halbieren. In einer großen Schüssel mit viel Olivenöl, etwas fein gehackter Chili, Knoblauch und Salz vermengen und im sehr heißen Ofen backen, bis es knusprig und goldbraun ist. Zum Hummus reichen.

Geröstete Brokkoliröschen mit Zitronendressing, Kapern & Kürbiskernen

Für 6 Portionen

Dieser Salat funktioniert mit allen Mitgliedern der Brokkolifamilie. Wir verarbeiten das Gemüse am liebsten saisonal und verwenden für dieses Rezept die jungen langstieligen Röschen. Wenn Sie draußen grillen, rösten Sie den Brokkoli über offenem Feuer: So schmeckt er am besten.

600 g Brokkolini (Spargelbrokkoli) und/oder herkömmlicher Brokkoli
Salz
1 EL eingelegte Kapern, abgetropft und gründlich abgespült
4 Knoblauchzehen, leicht angedrückt
50 g Kürbiskerne
3 EL Olivenöl
frisch gemahlener schwarzer Pfeffer

Für das Dressing:
Saft und Abrieb von 1 Bio-Zitrone
4 EL Olivenöl
1 EL Dijonsenf
1 EL milder Honig oder Ahornsirup (als vegane Alternative)

 bei Verwendung von Ahornsirup

Den Backofen auf 200 °C vorheizen.

Bei Verwendung von Brokkolini die Stängel längs halbieren, aber nicht von den Röschen trennen. Bei Verwendung eines Brokkolikopfs den holzigen Strunk entfernen und den Kopf in Röschen mit max. 1 cm langem Stielende teilen. Die Röschen ca. 5 Minuten blanchieren. Abtropfen lassen und in Eiswasser abschrecken.

Brokkoli, Kapern, Knoblauch und Kürbiskerne auf einem mit Backpapier ausgelegten Blech verteilen, mit Öl beträufeln, salzen und pfeffern und 15–20 Minuten im Ofen rösten.

In der Zwischenzeit alle Zutaten für das Dressing verrühren. Das geröstete Gemüse in eine Schüssel füllen und mit dem Dressing mischen. Heiß servieren oder auf Zimmertemperatur abkühlen lassen.

Geriebene Möhren, Petersilie & Zitrone

Für 6 Portionen

Hier ist eines der einfachsten Rezepte in diesem Buch, und vermutlich essen wir diesen Salat zu Hause am häufigsten. In unserem Kühlschrank liegen immer Möhren, die alle in der Familie mögen und die eine wichtige Zutat vieler mediterraner, asiatischer und südamerikanischer Salate sind.

3 Möhren, grob geraspelt
1 kleine Handvoll grob gehackte glatte Petersilie
1 EL Zitronensaft
2 EL Olivenöl
1 TL Schwarzkümmel
1 kleine Handvoll grob gehackte Korianderblättchen (optional)
Salz und frisch gemahlener schwarzer Pfeffer

Alle Zutaten in einer Schüssel vermengen und mit Salz und Pfeffer abschmecken. Sofort servieren oder bis zu 3 Tage im Kühlschrank aufbewahren. Der Salat schmeckt auf Zimmertemperatur erwärmt am besten.

Variante:
Für mehr Süße den Zitronensaft durch Orangensaft ersetzen und 1 kleine Handvoll Rosinen zufügen.

Atsukos Sobanudelsalat mit Sesamvinaigrette

Für 6 Portionen

Atsuko ist Köchin und bietet in ihrer Londoner Kochschule Atsuko's Kitchen japanische Kochkurse an. Sie hat das Kochen von ihrer Mutter und ihrer Großmutter zu Hause in Kyushu gelernt, und ihre Rezepte sind stets perfekt ausgewogen. Dieser Salat verdankt den nussig-bissfesten Sobanudeln und dem frischen Gemüse seine knackige Konsistenz. Er wird kalt serviert.

Für den Nudelsalat:
250 g Sobanudeln (aus 100 % Buchweizen)
Salz
150 g grüne Bohnen
4 Frühlingszwiebeln, fein gehackt
1 Möhre, grob geraspelt
½ Gurke, längs in Scheiben
1 EL schwarze Sesamsamen zum Garnieren

Für die Sesamvinaigrette:
je 3 EL Tahin und Mirin (süßer Reiswein)
4 EL dunkle Sojasoße oder Tamari (als glutenfreie Alternative)
2 EL Reisessig
1 kleine Knoblauchzehe, grob gehackt
2 EL Dashi (japanischer Fischsud) oder kaltes Wasser

Die Nudeln in ca. 5 Minuten in kochendem Salzwasser al dente garen. Abschrecken und abtropfen lassen. Die grünen Bohnen ebenfalls gar kochen, abschrecken und abtropfen.

Alle Zutaten für die Vinaigrette im Mixer glatt pürieren.

Nudeln, Bohnen und übriges Gemüse auf einer großen Servierplatte anrichten und mit der Vinaigrette vermischen. Mit Sesamsamen garnieren und sofort servieren oder bis zu 2 Stunden kalt stellen.

Jeremys Seidentofu mit Schnittknoblauch & Chili-Bohnen-Dressing

Für 4 Portionen als Hauptspeise,
für 6 Portionen als Vorspeise

Dieser Tofusalat ist eine Erfindung von Jeremy Pang, der in London die School of Wok betreibt. Ich habe die Chili-Bohnen-Soße und den schwarzen Reisessig im Internet bestellt, doch man bekommt sie auch im Asialaden. Das Dressing schmeckt auch gut zu Reisnudeln. Am besten mit Chinesischem Gurkensalat (S. 184) servieren.

Für das Dressing:
3 EL gesalzene Sojabohnen (alternativ Sojabohnenpaste oder Miso)
2 EL Chili-Bohnen-Soße (Toban Djan; alternativ eine andere Chilisoße)
3 EL helle Sojasoße
1 EL schwarzer Reisessig (Chinkiang; alternativ Balsamicoessig)
1 EL milder Honig
3 EL Gemüsebrühe oder Wasser
1 EL ungeröstetes Sesam- oder Erdnussöl

Für den Tofu:
350 g fester Seidentofu
1 kleine Handvoll Schnittknoblauch (Thai Soi; alternativ herkömmlicher Schnittlauch), in 3 cm langen Röllchen
1 große Handvoll Sojasprossen
3 Frühlingszwiebeln, schräg in feine Ringe geschnitten
½ Salatgurke, in mundgerechten Stücken
Korianderstängel zum Garnieren

Die gesalzenen Sojabohnen grob zerdrücken, anschließend mit den übrigen Zutaten für das Dressing mischen.

Den Tofu abtropfen und in 3 mm dicke Scheiben schneiden. Auf einer Servierplatte anrichten. Den Schnittknoblauch und die Sojasprossen darüberstreuen. Mit dem Dressing beträufeln, mit Frühlingszwiebeln und Gurkenstücken belegen und mit Koriander garnieren.

6

Rote Bete & Apfel

Gemüse nach griechischer Art

Alte Getreidesorten mit Kernen & gerösteten roten Zwiebeln

Pomelo mit Kokos-Limetten-Dressing

Marokkanische Auberginen-Tomaten-Pfanne

Fatoush

Scharfe grüne Bohnen mit Tomaten

Quinoa-Kabsa mit Kernen & Rosinen

Gegrillter Mais & Avocado mit Chili-Limetten-Dressing

Patatas bravas

Spargel & Frühkartoffeln mit Walnussvinaigrette

Scharfe Tomatensalsa

Pikanter nepalesischer Zwiebel-Kartoffel-Salat

Kimchi

Papis & Ranjits Kraut & Möhren mit Erbsen

Rote Bete, Möhren, Mandeln & Dill

Einfache kleine Beilagen

Kresse & geröstete Mandeln mit Buttermilchdressing

Kichererbsensalat mit Tamarindensoße & Joghurtdressing

Vichy-Möhren mit Ingwer

Avocado & Orangen

Guacamole

Jicama-Salat

Chinesischer Gurkensalat

Gurkenraita

Quinoa, Zucchini & Mais

Rosenkohl, Maronen & Radicchio

Frühkartoffeln mit Balsamico-Rosmarin-Vinaigrette

Salsa aus Ananas & Ingwer

Frisches Mangochutney

Pico di Gallo

Grüner Salat

Rote Bete & Apfel

Für 4–6 Portionen

Dieser auffallend pinkfarbene schwedische Salat schmeckt besonders gut zu eingelegten Heringen, gekochten Eiern oder Käse. Um Zeit zu sparen, können Sie auch vorgekochte Rote Bete verwenden, allerdings sollte sie nicht in Essig eingelegt sein.

500 g frische Rote Bete
2 knackige grüne Tafeläpfel, z. B. Granny Smith
200 g saure Sahne
100 g Mayonnaise (selbst gemacht S. 21)
1 EL Apfelessig
1 Schalotte, fein gehackt
100 g Gewürzgurken, grob gehackt
1 EL kleine eingelegte Kapern, abgetropft und gründlich abgespült (optional)
Salz und frisch gemahlener schwarzer Pfeffer

Außerdem:
1 EL Dill, fein gehackt, und/oder einige gehackte Walnusskerne zum Garnieren
Röstbrot mit gekochtem Ei zum Servieren (optional)

 wenn der Salat ohne Röstbrot serviert wird

Die ungeschälten Rote-Bete-Knollen in einen Topf mit kochendem Wasser geben und in ca. 1 Stunde weich garen. Anschließend putzen, schälen und in 2 cm große Würfel schneiden. Die Rote Bete in eine Schüssel geben.

Die Äpfel nach Belieben schälen, entkernen und ebenfalls 2 cm groß würfeln. Zur Roten Bete in die Schüssel geben. Alle weiteren Zutaten untermengen, mit Salz und Pfeffer abschmecken und mit Dill und/oder Walnüssen garnieren. Nach Belieben zu Röstbrot und gekochtem Ei servieren.

Gemüse nach griechischer Art

Für 4 Portionen

Dies ist ein Rezept von Alain Roux. Ich versuchte schon längere Zeit verzweifelt, die Champignons nach griechischer Art zuzubereiten, die ich als Kind im Urlaub so gerne gegessen hatte. So gekochtes Gemüse eignet sich gut als Beilage zu warmem oder kaltem Fisch und Fleisch. Man kann dafür verwenden, was gerade Saison hat, aber ich bevorzuge junge Champignons, weil sie mich an mein altes Lieblingsgericht erinnern. Zu Alains Favoriten zählen weißer und grüner Spargel, Artischocken, Fenchelknollen, Blumenkohl und Brokkoliröschen, Knollensellerie und zarter Staudensellerie.

Alain riet mir, das Gericht am besten ein paar Stunden vor dem Servieren oder auch am Vortag zuzubereiten und mit getoastetem Baguette oder einer ähnlichen Brotsorte zu servieren. Die Kochdauer der Bohnen ist Geschmackssache, manche mögen sie weich, wie mein Mann Giancarlo, andere lieber knackig.

Für das griechische Dressing:

½ TL Koriandersamen

½ TL weiße Pfefferkörner

50 ml Weißweinessig

125 ml Olivenöl

3 EL Tomatenmark

75 ml Zitronensaft

2 dicke Knoblauchzehen, zerdrückt

1 kleines Bouquet garni

50 g feiner Zucker

1 Prise Salz

Für den Salat:

1 kg zartes Gemüse nach Belieben (Alain verwendet 8 kleine Fenchelknollen, 8 Babymöhren, 8 Mini-Zucchini, der Länge nach halbiert, ein paar grüne Bohnen, ein paar Radieschen, 8 kleine Frühlingszwiebeln, 12 junge Champignons)

Salz und frisch gemahlener schwarzer Pfeffer

2 EL fein gehackte glatte Petersilie zum Garnieren

Koriandersamen und Pfefferkörner in einem Mörser zerstoßen. Alle Zutaten für das Dressing sowie 125 ml Wasser in einen großen Topf geben und bei niedriger Hitze 15 Minuten köcheln lassen. Zwischendurch gelegentlich umrühren.

Währenddessen für den Salat das gesamte Gemüse außer den Champignons nach Sorten getrennt in kochendem Salzwasser blanchieren: Fenchel und Möhren je 2 Minuten, Zucchini, Bohnen, Radieschen und Frühlingszwiebeln je ca. 30 Sekunden. Alles abtropfen lassen und zum Dressing geben. Die rohen Pilze zufügen und alles weitere 5 Minuten köcheln lassen.

Das Bouquet garni entsorgen. Das Gemüse mit dem Dressing in eine Schüssel füllen und abkühlen lassen. Mit Salz und Pfeffer abschmecken, mit der Petersilie bestreuen und noch warm oder auf Zimmertemperatur abgekühlt servieren.

Alte Getreidesorten mit Kernen & gerösteten roten Zwiebeln

Für 4–6 Portionen

»Haben Sie denn auch Indie-Getreide mit dabei?«, fragte mich mein Sitznachbar Neil im Flugzeug. Er hatte auf meinem Laptop gesehen, was ich gerade schrieb, und erzählte mir, wie gerne er Buchweizen, Dinkel und Grünkern aß. Ich hatte die Bezeichnung »Indie-Getreide« für diese alten Sorten noch nie gehört, aber er meinte, in der USA sei sie üblich. Er liebte deren Konsistenz und Biss. Hier, lieber Neil, kommt dein Salat!

Wir hatten uns dieses Gericht als Beilage gedacht, die zu Fleisch, Fisch oder Gemüse gereicht werden kann. Durch Zugabe von Feta, Granatapfelkernen, frischen Feigen, Eiern oder gekochten Kichererbsen kann es jedoch auch als Hauptgericht herhalten. Reichen Sie dazu Harissa-Soße (S. 80), Hummus (S. 146) oder Tahin-Zitronen-Dressing (S. 18). Wir haben diesen Salat auch schon mit knusprigem Bacon und gehackten Datteln oder aber fein gehackten kandierten Zitronen und getrockneten Tomaten gegessen, die für weitere tolle Aromen sorgen.

Für den Salat:

- 200 g alte Getreidesorten, z. B. Grünkern, Quinoa, Dinkel, Buchweizen, roter Reis oder Vollkornreis
- 1 große Aubergine, in 1 cm großen Würfeln
- 2 große rote Zwiebeln, eine in 1 cm großen Würfeln, die andere in hauchdünnen Ringen
- 2 dicke ungeschälte Knoblauchzehen, leicht angedrückt
- Salz und frisch gemahlener schwarzer Pfeffer
- 4 EL Raps- oder Olivenöl
- 75 g Kernmischung (aus Mandeln, Pistazien, Pinien-, Kürbis- oder Sonnenblumenkernen)
- 750 ml Erdnussöl
- 1 große Handvoll grob gehackte glatte Petersilie
- 3 EL Trockenfrüchte, z. B. getrocknete Heidelbeeren, Berberitzen, Kirschen, Cranberrys, Rosinen oder gehackte Aprikosen

Für das Dressing:

- Saft von 1 Zitrone
- 5 EL Raps- oder Olivenöl
- Salz und frisch gemahlener schwarzer Pfeffer

 bei Verwendung von Quinoa, Buchweizen oder Reis

Den Backofen auf 200 °C vorheizen. Ein Backblech mit Backpapier auslegen.

Das Getreide nach Packungsanweisung garen. In einem Sieb abtropfen und abkühlen lassen.

Die Aubergine, die gewürfelte Zwiebel und den Knoblauch in eine Schüssel geben, würzen und mit Raps- oder Olivenöl vermengen. Das Gemüse auf dem Blech verteilen und für 15–20 Minuten in den Ofen geben, bis es leicht gebräunt ist. Herausnehmen und beiseitestellen.

Die Kerne auf einem separaten Blech in 5–7 Minuten im Ofen goldbraun rösten. Anschließend abkühlen lassen und grob hacken.

Das Erdnussöl in einem kleinen Topf erhitzen, bis sich ein kleines Brotstück darin frittieren lässt. Die Zwiebelringe darin in 3–4 Minuten knusprig frittieren. Dabei darauf achten, dass sie nicht verbrennen. Auf Küchenpapier abtropfen lassen und sofort mit etwas Salz würzen.

Für das Dressing Zitronensaft und Öl mischen und mit Salz und Pfeffer würzen. Sämtliche Zutaten außer den frittierten Zwiebelringen in eine Schüssel geben, mit dem Dressing vermengen und auf einer Servierplatte anrichten. Die frittierten Zwiebelringe darüberstreuen und den Salat sofort servieren oder vor dem Essen kalt stellen. Dann auf Zimmertemperatur erwärmt servieren.

Pomelo mit Kokos-Limetten-Dressing

Für 4–6 Portionen

Dieses Rezept stammt aus The Market Restaurant and Cooking School in Hoi An, wo wir lernten, herrliche vietnamesische Salate zuzubereiten. Pomelos schmecken ähnlich wie Grapefruits, sind aber milder, und ihr Fleisch lässt sich leicht auseinanderzupfen. Sie sind im Asialaden erhältlich und bilden die Grundlage für diesen erfrischenden Salat. Allerdings funktioniert dieses Rezept auch mit beinahe jedem rohen Gemüse, z. B. mit Kohl, Rosenkohl, Zucchini oder Gurke oder einer Pink Grapefruit. Der Salat lässt sich auch gut mit Garnelen oder Hähnchenfleisch kombinieren.

Für das Dressing:
4 EL Kokosmilch
2 EL Limettensaft
1 TL milder Honig (optional)
½ TL Chilisoße, z. B. Sriracha
Salz und frisch gemahlener schwarzer Pfeffer

Für den Salat:
750 ml Sonnenblumen- oder anderes neutrales Öl zum Frittieren
1 Schalotte oder kleine Zwiebel, in dünnen Ringen
2 dicke Knoblauchzehen, in dünnen Scheiben
1 Pomelo
1 kleine weiße Zwiebel, in feinen Scheiben, 15 Minuten in kaltes Wasser gelegt, abgetropft
1 kleine Handvoll Minzblättchen
1 Handvoll Korianderblättchen oder andere asiatische Kräuter, z. B. Thai-Basilikum
¼–½ rote oder grüne Chilischote, je nach Geschmack, fein gehackt
1 Stange Staudensellerie, in Würfeln
1 Stängel Zitronengras, in sehr feinen Scheiben

Für das Dressing alle Zutaten vermengen und mit Salz und Pfeffer abschmecken.

Für den Salat das Öl in einem kleinen Topf stark erhitzen. Schalotte und Knoblauch darin in ca. 1 Minute goldbraun frittieren. Darauf achten, dass nichts anbrennt. Anschließend auf Küchenpapier abtropfen lassen.

Die Pomelo schälen und das Fruchtfleisch mit den Händen auseinanderzupfen. Die Pomelo mit den übrigen Zutaten und dem Dressing in einer Schüssel vermengen und mit Schalotte und Knoblauch garnieren.

 wenn kein Honig verwendet wird

Marokkanische Auberginen-Tomaten-Pfanne

Für 4 Portionen

Diese nahrhafte Mischung aus Aubergine und Tomate mit ihrem rauchig-würzigen Aroma ist ein köstlicher Brotaufstrich, schmeckt aber auch ausgezeichnet als Dip zu Salat oder gegrilltem Fleisch und Fisch. Im Winter verwende ich anstelle der frischen Tomaten und des Tomatenmarks 200 g grob gehackte Dosentomaten.

2 große Auberginen
4 Tomaten, in 1 cm großen Würfeln
3 EL Olivenöl plus 1 EL extra
3 EL Tomatenmark
2 EL milder Weiß- oder Rotweinessig
1 dicke Knoblauchzehe, fein gehackt
1 gehäufter TL gemahlener Kreuzkümmel
ca. 1 TL Salz
1 gehäufter EL fein gehackte Korianderblättchen
1 gehäufter EL fein gehackte glatte Petersilie plus ein paar ganze Blättchen zum Garnieren
frisch gemahlener schwarzer Pfeffer

Den Backofen auf 220 °C vorheizen. Ein Backblech mit Backpapier auslegen.

Die Auberginen an je vier Stellen mit einem scharfen Messer einstechen, auf das Blech legen und ca. 45 Minuten im Ofen backen, bis sie außen schwarz sind. Alternativ die Auberginen mit einer Zange über offenem Feuer rösten, bis nach ca. 5 Minuten die Schale aufplatzt.

Die Auberginen abkühlen lassen und schälen. Anschließend das Fruchtfleisch grob hacken.

Die gewürfelten Tomaten in einer großen Pfanne mit dem Öl ein paar Minuten anbraten. Dann die Auberginen und die übrigen Zutaten zugeben. Mit einem Kochlöffel alles gut vermengen. Den Deckel halb auflegen und das Gemüse ca. 20 Minuten bei niedriger Hitze leicht einkochen lassen.

Anschließend die Auberginen-Tomaten-Mischung mit Salz und Pfeffer abschmecken, mit etwas Olivenöl beträufeln und mit glatter Petersilie garnieren. Warm oder auf Zimmertemperatur abgekühlt servieren.

Fatoush

Für 6–8 Portionen

Dieser berühmte libanesische Salat wird seit Jahrhunderten gegessen – und bietet die Möglichkeit, nicht mehr ganz frisches Pitabrot zu verwerten. Die Gemüseauswahl richtet sich nach der Jahreszeit. Anstatt wie für Taboulé fein gehackt, werden die Zutaten für Fatoush in mundgerechte Stücke geschnitten oder gerissen. Fatoush kann hervorragend mit anderen orientalischen Köstlichkeiten kombiniert oder auch zu gebratenem oder gegrilltem Fleisch gereicht werden. Der säuerliche Zitronengeschmack des Sumachs lässt einem das Wasser im Mund zusammenlaufen.

Amal Alquahtani zeigte mir, wie man das Brot für diesen Salat würzt und röstet, und ich empfehle Ihnen genau diese Methode. Man kann so auch größere Brotstücke zubereiten und sie für Dips verwenden.

Für den Salat:

1 Schalotte, in dünnen Ringen
4 Pitabrote
¼–½ rote Chilischote, je nach Geschmack fein gehackt
1 Knoblauchzehe, fein gehackt
4 EL Olivenöl
Salz und frisch gemahlener schwarzer Pfeffer
1 Romanasalatherz, in 3 cm breiten Streifen
3 Tomaten, in 3 cm großen Stücken, oder 12 Kirschtomaten, halbiert
1 Gurke, in 1 cm großen Würfeln
3 Radieschen, in feinen Scheiben
1 kleine Handvoll Minzblättchen
1 kleine Handvoll grob gehackte glatte Petersilie
1 TL Schwarzkümmelsamen (optional)

Für die Vinaigrette:

1 Knoblauchzehe, fein gehackt
Saft von 1 Zitrone
100 ml Olivenöl
3 EL Granatapfelsirup
1 EL Rotweinessig
1 TL Sumach plus etwas extra zum Garnieren
1 TL Zucker (optional)
Salz und frisch gemahlener schwarzer Pfeffer

Den Backofen auf 200 °C vorheizen. Ein Backblech mit Backpapier auslegen.

Für den Salat die Schalottenringe 20–30 Minuten in kaltes Wasser legen, um ihnen die Schärfe zu nehmen, anschließend abtropfen lassen.

Das Brot mit einer Schere in 3 cm lange Streifen schneiden und diese aufreißen. Jeden Streifen in drei Teile zupfen, in einer Schüssel mit Chili, Knoblauch und Olivenöl vermengen und mit Salz und Pfeffer würzen. Auf dem Backblech verteilen und in 10–15 Minuten im Ofen goldbraun rösten. Herausnehmen und abkühlen lassen.

Alle Zutaten für die Vinaigrette mischen und mit Salz und Pfeffer abschmecken. Nach Belieben mit Zucker süßen, falls sie zu herb schmeckt.

Alle Salatzutaten einschließlich der abgekühlten Brotstücke in eine große Schüssel geben und behutsam mit der Vinaigrette vermengen. Mit 1 großzügigen Prise Sumach bestreuen und servieren.

Scharfe grüne Bohnen mit Tomaten

Für 4–6 Portionen

Hier folgt ein weiteres Rezept unserer kuwaitischen Freundin Amal. Variationen dieses Gerichts sind im gesamten Mittelmeerraum bekannt. Wundern Sie sich nicht über die verwendete Menge Olivenöl. Amal benutzt noch viel mehr und tunkt übrig gebliebene Soßenreste zum Schluss mit Brot auf. Die Bohnen werden langsam mit den Tomaten gegart, bis sie weich sind; Chili und Knoblauch sorgen für eine pikante Würze. Normalerweise wird dieses Gericht als warme oder kalte Beilage serviert, ich gönne mir aber gelegentlich ein Schüsselchen davon mit Spiegeleiern als Hauptgericht.

1 Zwiebel, fein gehackt
7 EL Olivenöl
2 Knoblauchzehen, fein gehackt
¼–½ TL Chiliflocken, je nach Geschmack
325 g breite grüne Bohnen
250 g Tomaten, grob gehackt
2 gehäufte EL Tomatenmark
Salz und frisch gemahlener schwarzer Pfeffer

Außerdem:
1 Spritzer Zitronensaft
1 Prise Sumach zum Garnieren

Die Zwiebel in einer großen Pfanne zugedeckt im Öl bei niedriger Hitze in ca. 10 Minuten weich braten. Knoblauch und Chiliflocken zufügen und alles 2 Minuten weiterbraten. Dann die Bohnen, die Tomaten, das Tomatenmark und 100 ml Wasser zugeben und mit Salz und Pfeffer würzen. Den Deckel halb auflegen und die Bohnen so lange köcheln lassen, bis sie weich sind. Je nach Größe dauert das 20–30 Minuten.

Die Bohnen mit Chili, Salz, Pfeffer und 1 Spritzer Zitronensaft abschmecken, mit etwas Sumach garnieren und sofort servieren oder vorher auf Zimmertemperatur abkühlen lassen.

Quinoa-Kabsa mit Kernen & Rosinen

Für 6–8 Portionen

Dieses mild gewürzte Gericht ist an kuwaitisches Kabsa angelehnt. Traditionell kocht man dafür Hühnerbrühe aus einem ganzen Suppenhuhn, anschließend gart man in der Brühe Reis mit Gewürzen. Das Huhn wiederum wird nach dem Kochen gebraten und zum Reis serviert. Wenn Sie Ihre eigene Hühnerbrühe herstellen wollen, können Sie das gekochte Fleisch gut für Coronation Chicken mit Litschis (S. 72) oder für Hähnchen-Krautsalat (S. 81) verwenden. Auch eine vegetarische Version dieses Rezepts mit Gemüsebrühe ist sehr schmackhaft. Wir verwenden hier statt Reis Quinoa.

Für die Brühe:
1 l Hühnerbrühe
5 Kardamomkapseln, angedrückt
1 große Zimtstange
1 TL gemahlener Koriander
½ TL gemahlener schwarzer Pfeffer
3 Gewürznelken
1 TL gemahlener Kreuzkümmel
1 TL gemahlene Kurkuma
3 Knoblauchzehen, leicht angedrückt
1 kleines Bund Koriander oder glatte Petersilie
1 Prise Safranfäden
Salz

Für die Kerne und Rosinen:
2 EL Olivenöl
1 Schalotte, fein gehackt
1 Knoblauchzehe, fein gehackt
1 große Handvoll Pinienkerne, Mandeln und/oder Pistazien
50 g eingeweichte Rosinen
1 Prise Safranfäden
1 Prise zerstoßene getrocknete Limettenschale oder
    frischer Bio-Limettenabrieb
1 Spritzer Rosenwasser (optional)
Salz und frisch gemahlener schwarzer Pfeffer

Für die Quinoa:
250 g Quinoa (als glutenfreie Alternative) oder Couscous
100 g getrocknete Bio-Aprikosen
ausgelöste Kerne von 1 Granatapfel
1 Handvoll grob gehackte Korianderblättchen
1 Handvoll grob gehackte glatte Petersilie

Alle Zutaten für die Brühe in einem Topf zum Kochen bringen und bei niedriger Hitze ca. 20 Minuten köcheln lassen.

Währenddessen das Öl in einer Pfanne erhitzen und darin Schalotte und Knoblauch mit 3 EL Wasser in ca. 10 Minuten weich dünsten. Kerne, abgetropfte Rosinen, Safranfäden, Limettenschale und nach Belieben Rosenwasser zugeben und mit Salz und Pfeffer würzen. Alles gründlich vermengen und ca. 5 Minuten weiterbraten. Anschließend beiseitestellen.

Die Brühe mit Salz abschmecken, durch ein Sieb gießen und die Gewürze entsorgen. Die Quinoa nach Packungsanweisung in der Brühe anstatt in Wasser garen. Abtropfen und abkühlen lassen.

Quinoa mit Aprikosen, Granatapfelkernen und Kräutern vermengen, mit der Kernmischung garnieren und servieren.

 bei Verwendung von Quino

Gegrillter Mais & Avocado mit Chili-Limetten-Dressing

Für 6–8 Portionen

Unsere ganze Familie liebt den Geschmack von gegrilltem Mais, dessen nussige Süße ein bisschen an selbst gemachtes Popcorn erinnert. In diesem Rezept wird er unter dem Backofengrill zubereitet, aber Sie können ihn genauso gut im Garten über Holzkohle grillen. Auf diese Weise erhält er ein tolles Raucharoma. Wenn Sie keine schwarzen Bohnen finden, tun es auch andere Bohnen aus der Dose. Legen Sie die Limetten 15–20 Sekunden in die Mikrowelle, so lässt sich der Saft viel leichter auspressen.

Für den Salat:
4 Maiskolben ohne Hüllblätter
1 kleine rote Zwiebel oder 5 Frühlingszwiebeln, fein gehackt
400 g schwarze Bohnen aus der Dose
250 g Kirschtomaten, halbiert
1 rote oder gelbe Paprikaschote, in 1 cm großen Würfeln
1 Avocado, in 1 cm großen Würfeln
1 kleines Bund Koriander, grob gehackt

Für das Dressing:
6 EL frisch gepresster Limettensaft (von 3–4 Limetten)
5 EL Olivenöl
1 Knoblauchzehe, grob gehackt (optional)
½ TL getrockneter Oregano
½ TL gemahlener Kreuzkümmel
⅛–¼ Jalapeño oder eine andere Chilischote, je nach Geschmack, fein gehackt
ca. ½ TL Salz
frisch gemahlener schwarzer Pfeffer

Außerdem:
Limettenspalten zum Servieren

Den Backofengrill auf höchster Stufe vorheizen.

Die Maiskolben auf einem Gitterrost verteilen und auf der obersten Schiene in den Ofen schieben. So lange grillen, bis sie etwas Farbe bekommen haben. Dabei mehrmals umdrehen und darauf achten, dass sie nicht verbrennen und platzen. Anschließend herausnehmen und abkühlen lassen.

Währenddessen Zwiebel oder Frühlingszwiebeln für 10 Minuten in kaltes Wasser legen. Anschließend abtropfen lassen. Die Bohnen unter fließendem kaltem Wasser abspülen und ebenfalls abtropfen lassen.

Die abgekühlten Maiskolben nacheinander über eine große Schüssel halten und die Körner mit einem scharfen Messer von den Kolben schneiden. Zusammenhängende Maiskörner trennen. Die übrigen Zutaten für den Salat untermischen.

Alle Zutaten für das Dressing verrühren. Mit Salz und Pfeffer abschmecken und behutsam unter den Salat mischen. Mit Limettenspalten servieren.

Patatas bravas

Für 6–8 Portionen

Grundlage für dieses Rezept ist ein beliebtes spanisches Gericht aus Bratkartoffeln mit sehr pikanter Soße, dessen Zubereitung uns die katalanische Köchin Carolina Català-Fortuny zeigte. Man kann es auf köstliche Weise verfremden, indem man ein paar gehäufte Esslöffel Mayonnaise mit fein gehacktem Knoblauch darübergibt oder die Mayonnaise separat dazu reicht. Unseren Jungs schmeckt dieses Gericht mit gebratenen Kartoffeln am besten, doch mein Mann und ich essen es am liebsten mit gekochten Frühkartoffeln. Für das Rezeptfoto haben wir gekochte Frühkartoffeln verwendet, die wir anschließend noch kurz angebraten haben. Patatas bravas schmecken auch ausgezeichnet zu gegrilltem Fisch und Fleisch.

Für die Patatas:
1,2 kg Frühkartoffeln oder andere festkochende Kartoffeln, ungeschält
4 EL Olivenöl

Für die Soße:
3 EL Olivenöl
1½ EL geräuchertes süßes Paprikapulver
1 EL Rotweinessig
200 g Tomaten aus der Dose, grob zerdrückt
1 Prise Cayennepfeffer oder Chilipulver (alternativ 1 Spritzer Tabasco; optional)

Für die Knoblauchmayonnaise:
1 kleine Knoblauchzehe, fein gehackt
125 g Mayonnaise (selbst gemacht S. 21)

Außerdem:
Salz und frisch gemahlener schwarzer Pfeffer
1 kleine Handvoll grob gehackte glatte Petersilie

Die Kartoffeln in Salzwasser knapp gar kochen. Abtropfen und etwas abkühlen lassen.

Währenddessen für die Soße das Olivenöl in einem Topf erhitzen, Paprikapulver zugeben und ein paar Minuten unter ständigem Rühren anrösten. Den Essig zufügen und 2 Minuten reduzieren lassen. Dann die Tomaten und 1 Prise Salz zugeben und die Soße bei mittlerer Hitze und unter häufigem Rühren in ca. 15 Minuten eindicken lassen. Mit Cayennepfeffer oder Chili würzen und fein pürieren.

Den Knoblauch mit der Mayonnaise vermischen und beiseitestellen.

Für die Patatas das Olivenöl in einer großen beschichteten Pfanne erhitzen und die mit den Händen grob auseinandergebrochenen Kartoffeln ggf. portionsweise hineingeben. Mit Salz und Pfeffer würzen und bei mittlerer Hitze in ca. 10 Minuten goldbraun braten.

Die heißen Kartoffeln auf einer Servierplatte anrichten, mit Soße bedecken, darauf etwas Mayonnaise verteilen und mit Petersilie bestreut servieren.

Spargel & Frühkartoffeln mit Walnussvinaigrette

Für 6 Portionen

Dieser Salat passt wunderbar zu einem sommerlichen Buffet oder eignet sich als Beilage zu gebratenem Hähnchen oder Fisch. Wenn gerade keine Spargelsaison ist, kann man ihn stattdessen auch nur mit weich gekochten Wachteleiern servieren. Wir verwenden für die Vinaigrette gerne das Öl, das nach dem Backen des Gemüses auf dem Blech zurückbleibt, und runden sein Aroma dann mit etwas Walnussöl ab.

500 g Frühkartoffeln, ungeschält
Salz
12 Wachteleier (optional)
250 g Spargel, ohne holzige Enden
150 g zarte Lauchstangen oder Frühlingszwiebeln
5 EL Olivenöl
frisch gemahlener schwarzer Pfeffer
1 große Handvoll Salatblätter, z. B. Romanasalat, grob zerzupft
1 Handvoll grob gehackte glatte Petersilie
1 Rezept Klassische Vinaigrette (S. 20; verwenden Sie anstatt des im Rezept angegebenen Olivenöls das Öl vom Backblech (s. o.) und Walnussöl)

 wenn ohne Wachteleier serviert

Die Kartoffeln in kochendem Salzwasser garen. Anschließend abtropfen lassen.

Die Wachteleier, falls verwendet, ca. 2 Minuten kochen. Anschließend sofort in kaltes Wasser tauchen. Dabei die Schale aufknacken, damit sich das Eigelb nicht bläulich verfärbt. Sobald sie etwas abgekühlt sind, pellen und beiseitestellen.

Den Backofen auf 180 °C vorheizen. Ein Backblech mit Backpapier auslegen.

Spargel und Lauch oder Frühlingszwiebeln auf dem Blech mit dem Olivenöl mischen und mit Salz und Pfeffer würzen. Das Gemüse in 12–15 Minuten im Ofen garen. Herausnehmen und abkühlen lassen.

Salat, Petersilie, Kartoffeln, Ofengemüse und Vinaigrette in eine Schüssel geben und behutsam vermengen. Abschmecken und die Eier, falls verwendet, auf dem Salat anrichten.

Scharfe Tomatensalsa

Für 8–10 Portionen

Jedes Mal, wenn unsere Freundin Margaret Boynton zu Besuch kommt, bitten wir sie, diese scharfe Soße zuzubereiten, die wir zu knusprigen Tortillachips essen. Sie reibt reifen Cheddar über die Chips und grillt sie ein paar Minuten im Backofen, und dann dippen wir sie warm in die Salsa. Margaret ist in Texas aufgewachsen, lebt inzwischen in Georgia und kennt sich mit Tex-Mex-Salsas bestens aus. Wenn sie keine reifen Tomaten findet, nimmt sie Dosentomaten. Dieses Rezept ergibt eine großzügige Menge – übrig gebliebene Salsa kann im Kühlschrank bis zu 4 Tage aufbewahrt werden. Die Chia-Samen sind meine Idee: Sie machen die Soße etwas dicker.

800 g stückige oder ganze Tomaten aus der Dose
6 Frühlingszwiebeln, grob gehackt
½ TL Knoblauchpulver oder -granulat oder 1 dicke Knoblauchzehe, fein gehackt
⅛–¼ Jalapeño oder rote Chilischote, je nach Geschmack, fein gehackt
½ TL geräuchertes Chipotle-Chilipulver (optional)
1 TL gemahlener Kreuzkümmel
1 EL Rotweinessig oder 2 EL Limettensaft
1 kleine Handvoll grob gehackte Korianderblättchen
1 EL Chia-Samen (optional)
Salz und frisch gemahlener schwarzer Pfeffer

Die Tomaten abgießen, dabei den Saft auffangen und z. B. für eine Bloody Mary verwenden. Die Tomaten mit allen übrigen Zutaten in einen Mixer geben und zu einer stückigen Salsa verarbeiten.

Pikanter nepalesischer Zwiebel-Kartoffel-Salat

Für 6–8 Portionen

Dieses Rezept erhielt ich von unserem Freund, dem nepalesisch-indischen Autor Prajwal Parajuly. Nepalesisches Essen ist traditionell sehr würzig, und in dieses Gericht kommen eigentlich noch frittierte Chilischoten und Bockshornkleesamen, die es extrem scharf und leicht bitter machen. Wir haben die verwendete Chilimenge an europäische Gaumen angepasst und die Bockshornkleesamen durch Schwarzkümmel ersetzt. Zu diesem Salat essen wir gerne gekochte Eier, Mangochutney (S. 188), Gurkenraita (S. 172) oder Tandoori-Lachs & Garnelen (S. 112).

1 große Gurke
Salz
1 rote Zwiebel, halbiert, in dünnen Ringen
500 g Kartoffeln, in 2 cm großen Würfeln
3 EL Sesamsamen
Saft von 1 großen Zitrone plus etwas extra
4 EL Oliven- oder Kernöl
½–1 rote oder grüne Chilischote, je nach Geschmack, grob gehackt
1 TL Schwarzkümmel
½ TL Szechuanpfeffer
½ TL gemahlene Kurkuma
1 TL Chilipulver
1 große Handvoll grob gehackte Korianderblättchen
1 große Handvoll grob gehackte Minzblättchen

Die Gurke nach Belieben schälen und längs halbieren. Die Kerne mit einem Löffel herausschaben. Die Gurke in ca. 1 cm breite und 4 cm lange Streifen schneiden, in ein Sieb geben und mit 1 TL Salz vermengen. 30 Minuten abtropfen lassen.

Die Zwiebelringe in kaltes Wasser legen, um ihre Schärfe zu mindern.

Währenddessen die Kartoffeln in Salzwasser gar kochen. Abtropfen und abkühlen lassen.

Die Sesamsamen ohne Fett in einer Pfanne goldbraun rösten. Vom Herd nehmen und auf einem Teller abkühlen lassen.

Die Gurkenstreifen abspülen, gut abtropfen lassen und in eine große Schüssel geben. Die Zwiebel ebenfalls abtropfen lassen und mit den Kartoffeln und dem Zitronensaft zu den Gurkenstreifen geben.

Das Öl in einer Pfanne erhitzen. Sobald es heiß ist, die Chili zugeben und anbraten, bis sie etwas Farbe bekommt. Die Gewürze zufügen und 1 weitere Minute unter ständigem Rühren mitrösten. Das so entstandene Würzöl über den Salat gießen. Die frischen Kräuter und Sesamsamen zugeben und alles vermengen. Den Salat mit Salz und Zitronensaft abschmecken und auf Zimmertemperatur abgekühlt servieren.

Kimchi

Ergibt ca. 1,25 kg

Kimchi ist fermentierter Kohl, der so zubereitet zu früheren Zeiten für den Winter haltbar gemacht wurde. Auch heute noch ist Kimchi in Korea sehr beliebt, und jeder Haushalt macht es auf seine eigene spezielle Weise. Kimchi ist überaus gesund, weil es natürliche Probiotika wie Milchsäurebakterien, Antioxidantien und Ballaststoffe sowie viele Vitamine und Mineralstoffe enthält.

Unsere koreanische Nachbarin Hye Yeong gab uns dieses Rezept. Sie isst Kimchi sowohl frisch, also noch am Tag der Herstellung, als auch noch nach 6 Monaten Lagerung. Sie serviert es zu Reis mit Sesamsamen, zu Pfannengerichten oder Schweinefleisch.

Häufig wird bei der Herstellung von Kimchi süßes Klebreismehl verwendet. Man kocht daraus einen Brei und lässt ihn abkühlen, bevor man ihn mit dem Kohl vermengt, was bewirkt, dass die Gewürzpaste besser am Kohl haftet. Doch diese Zutat ist bei uns nur schwer erhältlich, und es geht auch ohne. Neben Kohl kann man für Kimchi auch viele andere Gemüsesorten verarbeiten.

1 kg Chinakohl (je nach Größe 1 bis 2 Kohlköpfe)
6 EL feines oder grobes Meersalz
1 weiße Zwiebel, grob gehackt
2 TL geriebener frischer Ingwer
2 dicke Knoblauchzehen, grob gehackt
2–3 EL koreanisches oder anderes Chilipulver oder Chiliflocken, je nach Geschmack
1–2 EL Zucker, je nach Geschmack (optional)
2 TL koreanische Fischsoße
200 g Gemüse, z. B. Daikon (chinesischer Rettich), Möhren oder herkömmlicher Rettich, in Juliennestreifen
5 Frühlingszwiebeln oder 1 große Handvoll Schnittlauch, in 5 cm langen Stücken

Außerdem:
Reis und geröstete Sesamsamen zum Servieren

Den Chinakohl längs halbieren und keilförmig vom holzigen Strunk befreien. Jede Kohlhälfte quer in fünf Stücke teilen, sodass ca. 6 x 6 cm große Blattstücke entstehen. Den Kohl waschen und abtropfen lassen, dann mit den Händen in einer Schüssel mit dem Salz vermengen. Den Kohl ca. 4 Stunden ziehen lassen, dabei einmal pro Stunde durchmischen.

Währenddessen Zwiebel, Ingwer, Knoblauch, Chili, Zucker und Fischsoße im Mixer zu einer Gewürzpaste verarbeiten.

Den Kohl zweimal gründlich in kaltem Wasser waschen, sodass er anschließend nur noch leicht salzig schmeckt. Andernfalls abermals waschen. Anschließend 30 Minuten abtropfen lassen.

Die Gewürzpaste mit den Händen in einer Schüssel mit den abgetropften Kohlblättern, dem übrigen Gemüse und den Frühlingszwiebeln gründlich vermengen. Alles in einen großen luftdicht verschließbaren Behälter füllen und die Gemüsemischung fest zusammenpressen, um die Luft herauszudrücken. Den Behälter verschließen und einen Tag bei Zimmertemperatur stehen lassen.

Am folgenden Tag den Behälter in den Kühlschrank geben und den Inhalt, der nun langsam gärt, in der ersten Woche jeden Tag wieder zusammenpressen. Das Kimchi kann sofort gegessen werden und bleibt im verschlossenen Behälter 6 Monate frisch. Man entnimmt jeweils die gewünschte Menge und drückt das übrige Kimchi so zusammen, dass es gut mit Flüssigkeit bedeckt ist. Mit Reis und gerösteten Sesamsamen servieren.

Papis & Ranjits Kraut & Möhren mit Erbsen

Für 4–6 Portionen

Shantini vom Londoner Papi's Pickles, das indisches Essen anbietet, erzählte uns von einem Salat namens Poriyal, der vor allem in Südindien sehr beliebt ist. Er ist schnell und einfach zubereitet und enthält viel gesunde Kurkuma. Kohl und Nüsse machen ihn knackig, Chili und Zitrone sorgen für ein würzig-frisches Aroma. Reste bleiben über Nacht im Kühlschrank frisch und können am nächsten Tag z. B. mit Rührei gegessen werden. Auf dieselbe Weise lassen sich Salate aus fein geschnittenen Stangenbohnen, Brechbohnen und anderen Bohnensorten sowie aus Roter Bete zubereiten. Oft wird auch Joghurt zugegeben; in dieser Variante heißt das Gericht Pachadi.

Beinahe identisch ist der als Sambharo bekannte Gujarati-Kohlsalat. Dieses Rezept verdanken wir unserem Freund Ranjit Cheema. Sambharo ist ebenfalls sehr gesund und bleibt infolge der kurzen Kochzeit schön knackig. Man lässt ihn auf Zimmertemperatur abkühlen und serviert ihn mit Reis – so stellt er eine wunderbare vegetarische Mahlzeit dar. Mit Erdnüssen, Rosinen oder Kichererbsen wird er noch nahrhafter.

Wir haben diese zwei Salate zu einem kombiniert (Foto auf S. 144), und hoffen, dass unsere beiden Freunde damit gleichermaßen einverstanden sind.

100 g gefrorene Erbsen
350 g Weißkohl (ca. ½ Kohlkopf)
3 EL Sonnenblumen- oder anderes Pflanzenöl
½–1 grüne Chilischote, je nach Geschmack, in dünnen Ringen
1 EL Kreuzkümmelsamen
½ TL Schwarzkümmelsamen
½ TL schwarze Senfsamen
1 TL Salz (optional)
½ TL gemahlene Kurkuma
2 Stängel frische Curryblätter (optional)
50 g Erdnusskerne (optional)
350 g Möhren, grob geraspelt
50 g Rosinen (optional)
Saft von ½ Zitrone
1 kleine Handvoll grob gehackte Korianderblättchen
Chapati oder Paratha zum Servieren

 ohne Chapati oder Paratha

Die Erbsen in kochendem Wasser weich garen. Anschließend abtropfen lassen und beiseitestellen. Den Weißkohl putzen und mit einem scharfen Messer in streichholzdünne Streifen schneiden.

Das Öl in einer Pfanne erhitzen. Chili, Kreuz- und Schwarzkümmel sowie Senfsamen zugeben und 1–2 Minuten rösten, bis die Senfsamen beginnen zu springen. Dann Salz, Kurkuma und Curryblätter, falls verwendet, einrühren. Erbsen und Kohl zugeben und gut untermengen. Alles bei geringer Hitze 4–5 Minuten unter ständigem Rühren anbraten, bis die Kohlstreifen weich werden.

Die Erdnüsse in einer Pfanne bei mittlerer Hitze goldbraun rösten, dabei häufig wenden.

Möhren, Erdnüsse und Rosinen, falls verwendet, zur Erbsen-Kohl-Mischung geben und alles ca. 3 Minuten weitergaren, bis die Möhren weich sind.

Den Zitronensaft untermischen und noch 1–2 Minuten bei starker Hitze unter ständigem Rühren braten. Den Salat auf einer Servierplatte anrichten und mit gehacktem Koriander bestreuen. Mit Chapati oder Paratha servieren.

Rote Bete, Möhren, Mandeln & Dill

Für 4–6 Portionen

Rubinrote Bete, bernsteinfarbene Möhren und goldene Mandelblättchen bilden eine farbenfrohe und sehr gesunde, vitaminreiche Kombination. Die süße Orangenvinaigrette und die zarten Dillspitzen machen diesen Salat zu einem wahren Geschmackserlebnis. Servieren Sie ihn mit anderen orientalischen oder mediterranen Salaten, zu gegrilltem Fisch, Brathähnchen oder ganz schlicht zu gekochten Eiern.

Für die Vinaigrette:
1 TL Abrieb und 100 ml Saft von 2 kleinen Bio-Orangen
3 EL Olivenöl
Salz und frisch gemahlener schwarzer Pfeffer

Für den Salat:
1 kleine Handvoll Mandelblättchen
2 kleine Rote-Bete-Knollen, grob geraspelt
2 Möhren
1 Orange, filetiert, jedes Filet halbiert
1 kleine Handvoll Rosinen
1 kleine Handvoll Dillspitzen
Kerne von 1 Granatapfel
1 TL Schwarzkümmelsamen (optional)

Für die Vinaigrette Orangenabrieb und -saft in einer kleinen Pfanne bei mittlerer Hitze köcheln lassen, bis die Flüssigkeit um die Hälfte reduziert ist. Abkühlen lassen und mit Öl, Salz und Pfeffer verrühren.

Die Mandelblättchen in einer trockenen beschichteten Pfanne bei mittlerer Hitze goldbraun rösten, dabei häufig wenden und aufpassen, dass sie nicht anbrennen.

Für den Salat alle Zutaten in eine Schüssel geben, ein paar Dillspitzen und Mandelblättchen zum Garnieren beiseitelegen. Alles mit der Vinaigrette vermengen und auf Teller verteilen. Mit den restlichen Dillspitzen und Mandelblättchen garnieren.

Variante:
Orientalisch wird das Gericht, wenn Sie anstelle von Dill glatte Petersilie verwenden und gemahlenen Kreuzkümmel sowie 1 EL Granatapfelsirup zugeben.

Kresse & geröstete Mandeln mit Buttermilchdressing

Für 6 Portionen

Dies ist eine herrlich knackige Salatbeilage, die mit gebratenem Hähnchenfleisch, gedünstetem oder geräuchertem Lachs oder gekochten Eiern auch als Vorspeise eine gute Figur macht. Das Dressing kann bis zu zwei Tage im Voraus zubereitet werden und übrig gebliebene Buttermilch eignet sich gut als Zutat für einen Smoothie. Wir verwenden für diesen Salat Staudensellerie aus unserem Garten. Selbst gezogener Sellerie schmeckt intensiver – wenn Sie auf gekauften angewiesen sind, sollten Sie möglichst viele Sellerieblätter dazugeben. Selbst gezogene Sprossen können gut anstelle von gekaufter Kresse verarbeitet werden

Für das Dressing:

1 EL fein gehackter Schnittlauch
1 EL fein gehackte glatte Petersilie
1 EL fein gehackte Estragonblättchen
75 g Mayonnaise (selbst gemacht S. 21)
100 ml Buttermilch (alternativ 80 g Crème fraîche,
   mit 20 ml Milch oder saurer Sahne verdünnt)
1 EL Zitronensaft
1 TL milder Honig (optional)
1 kleine Knoblauchzehe, fein gehackt
3 EL Olivenöl
Salz und frisch gemahlener schwarzer Pfeffer

Für den Salat:

75 g Mandelblättchen
300 g weiche Salatblätter, z. B. Kopf- oder Feldsalat
2 kleine Schalen Kresse, die Blättchen abgezupft
   (alternativ Sprossen)
2 Stangen Staudensellerie, in feinen Scheiben,
   plus 1 Handvoll Sellerieblätter
3 TL rosa Pfefferkörner

Die Zutaten für das Dressing gut verrühren. Mit Salz und Pfeffer abschmecken und kalt stellen, falls es nicht sofort verwendet wird.

Für den Salat die Mandelblättchen in einer trockenen Pfanne bei mittlerer Hitze goldbraun rösten. Dabei häufig wenden und aufpassen, dass sie nicht anbrennen. Auf einem Teller abkühlen lassen.

Alle Salatzutaten in einer großen Schüssel vermengen. Die Rosa Pfefferkörner leicht zerdrücken und über den Salat streuen. Das Dressing separat dazu reichen.

Kichererbsensalat mit Tamarindensoße & Joghurtdressing

Für 6–8 Portionen

Die Grundidee zu diesem Rezept lieferte der in Indien und Pakistan oft als Street Food verkaufte Salat Chana Chaat mit Kichererbsen, Joghurt, Tamarindensoße und knusprigem Topping. Die indische Köchin Zahda Saeed half uns, unsere Version geschmacklich abzustimmen, und zeigte uns, wie man das Gemüse für den Salat richtig brät. In ihrer Familie wird er als Beilage zu Grillgerichten oder als leichtes Abendbrot gegessen. Sie können den Kichererbsensalat warm servieren oder auch am Vortag zubereiten und kalt essen. Chaat Masala ist eine Gewürzmischung, die ebenso wie Tamarindensoße im Asialaden oder in gut sortierten Supermärkten erhältlich ist. Kosten Sie das Chaat Masala, bevor Sie es verwenden, denn manche Mischungen können sehr salzig sein.

Für das Joghurtdressing:
200 g Naturjoghurt
½ TL Garam Masala
½ TL gemahlener Kreuzkümmel
20 g Korianderblättchen, fein gehackt
Salz und frisch gemahlener schwarzer Pfeffer

Für den Salat:
3 EL Olivenöl
1 gehäufter TL Kreuzkümmelsamen
1 gehäufter TL Chaat Masala
1 gehäufter TL Garam Masala
1 gehäufter TL gemahlener Kreuzkümmel
1 gehäufter TL gemahlener Koriander
½–1 TL Salz, je nach Geschmack
¼ TL gemahlene Kurkuma
½–1 grüne Chilischote, je nach Geschmack, fein gehackt
400 g Kichererbsen aus der Dose, abgetropft
1 große Tomate, in 1 cm großen Würfeln
1 Kartoffel, grob gewürfelt
1 rote Paprikaschote, in schmalen Streifen
1 grüne Paprikaschote, in schmalen Streifen
1 rote Zwiebel, in feinen Ringen
Saft von ½ kleinen Zitrone

Außerdem:
Tamarindensoße zum Servieren
einige Koriander- oder Minzblättchen zum Garnieren
50 g knuspriges Topping, z. B. Bombay Mix (indischer Snack)

Die Zutaten für das Dressing gut verrühren und mit Salz und Pfeffer abschmecken.

Für den Salat das Öl in einer Pfanne stark erhitzen und die Kreuzkümmelsamen anrösten. Sobald sie springen, die übrigen Gewürze und Chili zufügen. Die Kichererbsen unterrühren und gut mit dem Gewürzöl vermengen. Dann das übrige Gemüse zugeben und alles bei geringer Hitze ca. 5 Minuten braten, bis das Gemüse gar, aber noch bissfest ist. Mit Zitronensaft abschmecken.

Den Kichererbsensalat anrichten, mit Joghurtdressing und ein paar Spritzern Tamarindensoße beträufeln und mit Kräutern und knusprigem Topping bestreut servieren.

Vichy-Möhren mit Ingwer

Für 4–6 Portionen

Dieses klassische französische Rezept stammt aus der Stadt Vichy, und die Möhren wurden traditionellerweise in dem nach der Stadt benannten Wasser gedünstet. Schon meine Mutter bereitete Vichy-Möhren zu, allerdings ohne Ingwer. Und ich hatte als Kind die Aufgabe, dafür zu sorgen, dass sie nicht anbrannten. Wir waren eine große Familie und liebten es, gemeinsam zu kochen. Weil ich mich leicht ablenken ließ, karamellisierte das Gemüse oft etwas stärker, als es meiner Mutter lieb war. Seit ich in der Küche das Sagen habe, kombiniere ich die Möhren mit etwas Ingwer und verschiedenen Toppings. Dieses Rezept eignet sich hervorragend als Beilage zu Braten, als Vorspeise oder als Hauptgang eines vegetarischen Menüs.

Für die Möhren:
350–400 g mittelgroße Möhren oder Babymöhren mit Grün
25 g Butter
25 g frischer Ingwer, in Scheiben
Salz und frisch gemahlener schwarzer Pfeffer

Für den Ingwerjoghurt:
1 EL Olivenöl
20 g frischer Ingwer, sehr fein gehackt
6 EL griechischer Joghurt
Salz

Für das Topping:
2 EL Mandelblättchen
1 kleine Handvoll Möhrengrün, falls vorhanden
1 kleine Handvoll glatte oder krause Petersilie
Salz und frisch gemahlener schwarzer Pfeffer

Für die Möhren das Grün abschneiden und beiseitelegen. Die mittelgroßen Möhren der Länge nach halbieren, Babymöhren ganz lassen. Möhren, Butter, Ingwer sowie 1 großzügige Prise Salz und Pfeffer mit 600 ml Wasser in einen Topf geben. Alles mit halb aufgelegtem Deckel zum Kochen bringen. Die Temperatur reduzieren und die Möhren in 15–20 Minuten garen.

Die Möhren mit einem Schaumlöffel aus dem Topf heben und auf einem Servierteller im Backofen bei niedriger Hitze warm halten. Den Sud im offenen Topf einkochen lassen, bis er auf ca. 3 EL reduziert ist.

Für den Ingwerjoghurt das Öl in einer kleinen Pfanne erhitzen. Den fein gehackten Ingwer zugeben und ca. 5 Minuten bei geringer Hitze anbraten. Vom Herd nehmen und abkühlen lassen. Dann mit dem Joghurt vermischen und salzen.

Die Mandelblättchen in einer trockenen Pfanne bei mittlerer Hitze goldbraun rösten. Dabei häufig wenden und aufpassen, dass sie nicht anbrennen. Herausnehmen und abkühlen lassen.

Möhrengrün, Petersilie und Mandelblättchen fein hacken und mit Salz und Pfeffer würzen.

Die Möhren mit dem reduzierten Sud übergießen, mit Topping bestreuen und mit Ingwerjoghurt servieren.

Avocado & Orangen

Für 4–6 Portionen

Das Rezept für diesen Salat stammt von Robin und Chris Doucas, zwei in Sydney lebende begeisterte Köche, die so nett waren, mir ihre australischen Lieblingssalate vorzustellen.

Wir mögen diesen Salat, weil er so einfach ist und außer gutem Olivenöl praktisch nur drei Zutaten enthält. Statt normalen Orangen können Sie auch Blutorangen verwenden, die besonders hübsch aussehen. Und die Frühlingszwiebeln können Sie durch milde rote Zwiebeln ersetzen. Robin isst diesen Salat gerne als Beilage zu Meeresfrüchten. Er eignet sich aber auch gut als Zwischenmahlzeit vor dem Sport, die erfrischt, ohne zu belasten.

3 süße Orangen
3 Avocados
3 Frühlingszwiebeln, in feinen Ringen
5 EL Olivenöl
1 Spritzer Zitronensaft
Salz und frisch gemahlener schwarzer Pfeffer

Die Orangen schälen und filetieren oder in Scheiben schneiden, dabei den Saft auffangen. Die Avocados schälen, entsteinen und das Fruchtfleisch in dünne Scheiben schneiden.

Orangenfilets oder -scheiben, Avocados und Frühlingszwiebeln in einer Schüssel anrichten. Den aufgefangenen Orangensaft mit Öl und Zitronensaft mischen und mit Salz und Pfeffer würzen. Das Dressing über den Salat gießen und sofort, spätestens nach 1 Stunde, servieren.

Guacamole

Für 4–6 Portionen

Für die Zubereitung von Guacamole sollte man nur vollreife Avocados nehmen, am besten die dunkelgrünen Hass-Avocados mit der runzligen Haut, die besonders aromatisch sind und eine cremige Konsistenz haben. Guacamole schmeckt als Aufstrich auf Toast, als Beilage zu Fisch, Hähnchen und Gemüsesticks, pur als Zwischenmahlzeit oder zu gekochtem Ei.

Traditionell wird Guacamole in einer Molcajete hergestellt, einem dreibeinigen Mörser aus Vulkangestein. Wir zerdrücken die Avocados mit der Gabel, schneiden den Knoblauch fein von Hand und zerkleinern den Koriander mit der Schere. Ob man Chili dazugibt, ist Geschmackssache. Zuvor aber sollte man die Guacamole auf jeden Fall abschmecken. Als Alternative können Sie die Guacamole auch mit Pico di Gallo (S. 188) anstatt mit den hier angegebenen Zutaten würzen.

3 Hass-Avocados, entsteint
Saft von 2 Limetten
½–¾ TL Salz
1 kleine Handvoll fein gehackte Korianderblättchen
⅛–¼ Jalapeño oder eine andere Chilischote, je nach Geschmack, fein gehackt
1 Knoblauchzehe, fein gehackt
1 Tomate, fein gewürfelt

Die Avocados in einer Schüssel mit einer Gabel zerdrücken und die übrigen Zutaten sofort untermischen. Mit Salz und Chili abschmecken. Gut verschlossen hält sich die Guacamole mehrere Tage im Kühlschrank.

Jicama-Salat

Für 4 Portionen

Die Kochexpertin Jane Milton ist eine gute Freundin von uns. Auf ihren Reisen sammelt sie Rezepte, und sie war es, die uns mit Jicamas vertraut machte, einem runden braunen, auch Yambohne genannten Gemüse. Die Konsistenz erinnert ein bisschen an Wasserkastanien oder knackige Äpfel, und sie besitzt ein leichtes Bananenaroma. Man verwendet sie in China, aber auch in Südamerika. Hier bei uns findet man sie im Asialaden. Und auch wenn dieses Gemüse nicht ganz leicht aufzutreiben ist, sollten Sie sich dennoch auf die Suche machen. Notfalls können Sie es für diesen Salat aber auch durch einen knackigen Tafelapfel (z. B. Granny Smith) ersetzen.

Dieser ist einer von Janes liebsten mexikanischen Salaten. Er ist süß und knackig und passt gut zu gegrilltem Fleisch oder Fisch.

1 kleine rote Zwiebel, halbiert und in feinen Ringen
Saft von 2 Limetten
2 kleine Orangen
1 Jicama (ca. 450 g)
½ Salatgurke
½–1 rote Fresno-Chilischote oder eine andere rote oder grüne Chilischote, je nach Geschmack

Die Zwiebel in einer Schüssel mit dem Limettensaft ziehen lassen.

Die Orangen mit einem scharfen Messer schälen, von der weißen Haut befreien und filetieren. Dabei den Saft auffangen. Restliches Fruchtfleisch auspressen.

Die Jicama schälen und kalt abspülen. Anschließend vierteln, in feine Scheiben schneiden und in eine Schüssel geben. Die Gurke längs halbieren, mit einem Teelöffel entkernen, in 3 mm dünne Scheiben schneiden und mit den Jicama-Scheiben vermengen. Die Chilischote putzen, entkernen, in feine Ringe schneiden und zum Salat geben.

Orangenfilets und -saft mit der Zwiebel mischen und behutsam unter den Salat mengen. Vor dem Servieren mind. 1 Stunde kalt stellen. Im Kühlschrank hält sich der Salat bis zu 3 Tage.

Chinesischer Gurkensalat

Für 4 Portionen

Unsere chinesische Bekannte Laura Lin-Wilkes schlug vor, dieses Rezept in unser Buch aufzunehmen. Inzwischen ist dies eines der Lieblingsgerichte unseres Sohnes Giorgio, denn er begeistert sich für Gurken, für chinesische Küche und für die Idee, mit einem Nudelholz auf Gemüse einzuschlagen. Bei diesem Rezept ist das Timing wichtig: Man sollte den Salat nur 30 Minuten ziehen lassen und dann möglichst bald servieren. Er schmeckt sehr erfrischend und passt gut zu Jeremys Seidentofu mit Schnittknoblauch & Chili-Bohnen-Dressing (S. 149), pochiertem Fisch oder jedem anderen chinesischen Gericht.

Für den Salat:
1 Salatgurke
5 Frühlingszwiebeln, in feinen Ringen
1 TL schwarze Sesamsamen

Für die Marinade:
1 TL Chiu-Chow-Chili-Öl (Asialaden) oder 1 TL Kernnöl mit
    ½–1 TL Chiliflocken vermischt, je nach Geschmack
1 EL Tahin
4 EL schwarzer Reisessig (Chinkiang; alternativ Balsamicoessig)
2 EL milder Honig oder Ahornsirup (als vegane Alternative)
½ TL Salz
1 EL helle Sojasoße oder Tamari (als glutenfreie Alternative)
15 Szechuan-Pfefferkörner, zerstoßen
1 Knoblauchzehe, fein gehackt

 bei Verwendung von Tamari

 bei Verwendung von Ahornsirup und Tamari

Die Gurke längs vierteln, jedes Viertel in 3 cm lange Stücke schneiden. In einen Zipbeutel geben, diesen fest verschließen und die Gurken mit einem Nudelholz so zerquetschen, dass sie noch ganz bleiben.

Die Zutaten für die Marinade mit 2 EL heißem Wasser in einer Schüssel gründlich verrühren. Zu den Gurken geben, den Beutel wieder verschließen und alles 20–30 Minuten im Kühlschrank ziehen lassen. Anschließend drei Viertel der Marinade entsorgen. Die Gurken auf einer Servierplatte anrichten, mit der restlichen Marinade begießen, mit Frühlingszwiebeln und Sesam garnieren.

Gurkenraita

Für 4–6 Portionen

Reichen Sie das Gurkenraita als Beilage zum Kichererbsensalat mit Tamarindensoße & Joghurtdressing (S. 180), zu Currys oder Hähnchensalat. Falls Ihnen die Konsistenz zu dick ist, können Sie etwas Milch oder Wasser untermischen. Gut verschlossen bleibt es im Kühlschrank bis zu 1 Woche frisch. Vor dem Servieren gründlich durchrühren.

1 TL Kreuzkümmelsamen
½ Gurke, grob geraspelt
400 g Naturjoghurt
½ TL feines Salz
1 TL milder Honig (optional)
½ TL frisch gemahlener schwarzer Pfeffer

Außerdem:
1 kleine Handvoll fein gehackte Minzblättchen (optional)
Chilipulver und gehackte Korianderblättchen zum Garnieren

Die Kreuzkümmelsamen in einer trockenen kleinen Pfanne rösten, bis sie aromatisch duften. Aufpassen, dass sie nicht anbrennen. Anschließend abkühlen lassen.

Die geraspelte Gurke mind. 10 Minuten in einem Sieb abtropfen lassen.

Alle Zutaten in einer Schüssel vermengen. Das Gurkenraita mit Chilipulver, Minze und Koriander garnieren.

Quinoa, Zucchini & Mais

Für 4–6 Portionen

Diese einfache Kombination aus drei Hauptzutaten ergibt einen leckeren Salat. Wer Zucchini im Garten hat, sieht sich oft einer wahren Flut der grünen Kürbisverwandten gegenüber. Dieser Salat eignet sich gut als Beilage, doch wenn man ihn mit Avocadoscheiben, gerösteten Nüssen, Feta oder Parmesanspänern kombiniert, mausert er sich zum Hauptgericht.

200 g Quinoa oder anderes Getreide, z. B. Dinkel, Grünkern oder brauner Reis
2 Zucchini oder 1 kleiner Speisekürbis (ca. 350 g), in 1 cm großen Würfeln
2 EL Oliven- oder Kokosöl plus 3 EL Olivenöl extra
Körner von 1 gekochten Maiskolben (alternativ 200 g Mais aus der Dose)
Salz und frisch gemahlener schwarzer Pfeffer
1 Handvoll grob gehackte glatte Petersilie

 bei Verwendung von Quinoa oder braunem Reis

Das Getreide nach Packungsanweisung garen.

Währenddessen die Zucchini- oder Kürbiswürfel 5 Minuten in Oliven- oder Kokosöl anbraten. Dabei häufig wenden, bis sie gleichmäßig gebräunt, aber immer noch bissfest sind. Beiseitestellen.

Das Getreide abtropfen lassen. Anschließend mit 3 EL Olivenöl, dem gebratenen Gemüse und Mais in einer Schüssel vermengen. Den Salat mit Salz und Pfeffer abschmecken und auf Zimmertemperatur abkühlen lassen. Kurz vor dem Servieren die Petersilie unterrühren.

Rosenkohl, Maronen & Radicchio

Für 6 Portionen

Es macht Spaß, sich Sommer- und Wintervariationen dieses Salats aus fein gehacktem Gemüse auszudenken. Zum ersten Mal aß ich ihn im Wild Rabbit in Kingham. Dort enthielt er rohen Rosenkohl, Möhren und Esskastanien, und alles war von einem herrlich pikanten Senfdressing umhüllt. In diesem Restaurant steht fast immer ein Salat aus gehacktem Gemüse auf der Speisekarte, doch die Zutaten ändern sich mit den Jahreszeiten. Dieser Salat hier hat ordentlich Biss, deshalb passen als Kontrast auch gut weichere Zutaten hinein wie Maronen oder auch ein guter Cheddar oder Manchego.

1 kleine rote Zwiebel, fein gehackt
125 g Rosenkohl, in dünnen Streifen
125 g Möhren, fein gehackt
125 g Radicchio, fein gehackt
125 g Kohlrabi, fein gehackt
2 Stangen Staudensellerie, fein gehackt, plus ein paar Blätter
1 Tafelapfel, z. B. Cox Orange, fein gehackt
1 kleine Handvoll fein gehackter Schnittlauch
1 Handvoll gekochte Maronen (vakuumverpackt), zerkrümelt oder fein gehackt
75 g Cheddar, fein gewürfelt
1 Rezept Honig-Senf-Dressing (S. 19)
Salz und frisch gemahlener schwarzer Pfeffer

Die Zwiebel für 20–30 Minuten in kaltes Wasser legen, um ihre Schärfe zu mildern. Anschließend gut abtropfen lassen.

Alle Zutaten mit dem Dressing in einer Schüssel vermengen. Mit Salz und Pfeffer abschmecken und servieren.

Frühkartoffeln mit Balsamico-Rosmarin-Vinaigrette

Für 4–6 Portionen

Das Rezept für diese aromatische Kräutervinaigrette verdanken wir unserer Freundin Wendy Holloway, die sie häufig in ihrer Kochschule in Rom zubereitet. Im Sommer begleitet diese Vinaigrette geröstete Paprikaschoten oder frische Borlottibohnen, im Winter gekochte Kartoffeln oder gebratenes Gemüse – außerdem passt sie perfekt zu gegrilltem Fleisch.

1,2 kg Frühkartoffeln oder andere Kartoffeln, in 3 cm großer Würfeln
Salz
1 Knoblauchzehe, fein gehackt
1 kleine rote Zwiebel, fein gehackt
1 Rosmarinzweig (10 cm), die Nadeln fein gehackt
ein paar Salbeiblättchen, fein gehackt
5 EL Olivenöl
1 EL Balsamico
frisch gemahlener schwarzer Pfeffer

Die Kartoffeln in reichlich Salzwasser gar kochen.

Währenddessen in einer Schüssel Knoblauch, Zwiebel und Kräuter mit Olivenöl und Balsamico zu einer Vinaigrette verrühren. Mit Salz und Pfeffer würzen. Die gegarten Kartoffeln abtropfen lassen und mit einer Zange auf einer Servierplatte anrichten, dabei leicht zusammenrücken. Die Vinaigrette darübergießen und die Kartoffeln darin gründlich wenden. Sofort servieren oder auf Zimmertemperatur abkühlen lassen. Der Kartoffelsalat hält sich im Kühlschrank ein paar Tage frisch, sollte jedoch vor dem Servieren Zimmertemperatur annehmen oder kurz im Backofen erwärmt werden.

Salsa aus Ananas & Ingwer

Für 4–6 Portionen

Die ursprünglich aus Südamerika stammende Ananas wurde von den Ureinwohnern der Karibik auf ihre Inseln geholt und dort 1493 von Kolumbus entdeckt. Später stellten Seeleute nach ihren Reisen eine Ananas vor ihr Haus, um zu zeigen, dass sie heimgekehrt waren, und so wurde sie zum Symbol der Gastfreundschaft. Ananas-Salsa wird oft zu mexikanischen und karibischen Gerichten gegessen. Sie ist pikant und süß zugleich und passt gut zu gegrillten Garnelen, Fisch, Schinken und würzigen Bratwürsten.

½ kleine rote Zwiebel, fein gehackt
500 g Ananas, in 5 mm großen Würfeln
½ rote Paprikaschote, in 5 mm großen Würfeln
½–1 rote Chilischote, je nach Geschmack, fein gehackt
2 TL fein geriebener frischer Ingwer
Saft von 1 Zitrone
1 kleine Handvoll fein gehackte Korianderblättchen
Salz und frisch gemahlener schwarzer Pfeffer

Die gehackte Zwiebel in kaltes Wasser legen, während die anderen Zutaten vorbereitet werden. Anschließend abtropfen lassen.

Ananas und Paprika in einer Schüssel mit der Zwiebel und den übrigen Zutaten vermengen. Die Salsa mit Salz und Pfeffer abschmecken und sofort servieren oder bis zu 1 Tag im Kühlschrank aufbewahren.

Frisches Mangochutney

Für 6 Portionen

Wir mögen dieses Chutney sehr gerne und reichen es zu indischen, südostasiatischen oder südamerikanischen Salaten. Es macht die Tafel bunter und bildet ein erfrischendes Gegengewicht zur Chili.

1 Mango, in 1 cm dicken Scheiben
1 EL fein gehackte Korianderblättchen
2 TL fein geriebener frischer Ingwer
Saft von ½ Zitrone oder von 1 Limette
¼–½ rote oder grüne Chilischote, je nach Geschmack, in feinen Ringen
Salz

Alle Zutaten in einer Schüssel vermengen, mit Salz abschmecken und servieren.

Pico di Gallo

Für 4–6 Portionen

Diese scharfe südamerikanische Soße ist einfach köstlich und passt zu Bruschetta ebenso gut wie zu gegrilltem Fisch, Fleisch oder Tacos.

200 g aromatische Tomaten, grob gehackt
½ Schalotte oder 2 Frühlingszwiebeln, fein gehackt
1 Knoblauchzehe, grob gehackt
¼–½ Jalapeño oder andere Chilischote, je nach Geschmack, grob gehackt
1 kleines Bund Koriander, grob gehackt
Saft von 1 Limette
Salz und frisch gemahlener schwarzer Pfeffer

Alle Zutaten in einer großen Schüssel vermengen und mit Salz und Pfeffer abschmecken. Sofort servieren oder vorher ein paar Stunden kalt stellen.

Grüner Salat

Für 6 Portionen

Was ist ein grüner Salat? Es ist leichter zu beschreiben, was er nicht sein sollte. Er sollte nicht aus bitteren Blattsalaten, ein paar Gurkenscheiben und grünen Paprikastreifen ohne jegliches Dressing bestehen. Ein derartiger Salat ist nicht besonders schmackhaft und kaum mehr als ein grüner Farbfleck auf dem Tisch.

Giancarlo meint, es sei eine britische Manie, zu jedem Gericht grünes Gemüse oder grünen Salat zu reichen. Ihn und auch andere Italiener macht es wahnsinnig, wenn jemand zu einem Teller Pasta grünen Salat isst. Italiener, Franzosen und auch Japaner essen Salat als appetitanregende Vorspeise. Als Beilage sollte er nicht dominieren, sondern das Hauptgericht begleiten. Deshalb eignet sich für einen Beilagensalat am besten eine milde Soße wie die hier unten vorgestellte – eine einfache Mischung aus Zitronensaft und einem guten extra nativen Olivenöl.

Ein perfekter grüner Salat könnte einfach nur aus frisch geerntetem Kopfsalat aus dem eigenen Garten bestehen, der nach dem Waschen mit unserer Klassischen Vinaigrette (S. 20) vermengt wird. Himmlisch gut! Ein etwas aufwendigerer Salat, der z. B. gut zu Steak passt, lässt sich aus verschiedenen Salatsorten, frischen Kräutern, fein geschnittenem grünem Gemüse wie Gurken, Zucchini, Erbsen oder Zuckerschoten und dem Honig-Senf-Dressing (S. 19) komponieren. Zu südostasiatischen Gerichten passt ein Salat mit Soja-Ingwer-Dressing (S. 18). Für mehr Biss kann man, wie auf S. 9 vorgeschlagen, geröstete Nüsse, Samen oder Croûtons (S. 134) zufügen, die ihn schön knusprig machen. Sättigender wird ein grüner Salat durch eiweißreiche Zugaben wie Avocado, Feta, Mozzarella oder Hähnchenfleisch.

Für den Salat:
200 g milder Blattsalat, z. B. Kopf- oder Romanasalat
½ Gurke, in Streifen
1 Stange Staudensellerie, schräg in feine Scheiben geschnitten
25 g würzige Salatblätter, z. B. Senfblätter, Rucola, Löwenzahn, Brunnenkresse oder Sprossen (z. B. Kresse-, Amaranth- oder Linsensprossen)
15 g gemischte Kräuter, z. B. Petersilie, Koriander, Schnittlauch, Kerbel, Süßdolde, Fenchel, Minze, Basilikum, die Blätter fein gehackt

Für die Vinaigrette:
1 EL Zitronensaft
2 EL Olivenöl
Salz und frisch gemahlener schwarzer Pfeffer

Alle Salatzutaten in eine große Schüssel geben. Für die Vinaigrette Zitronensaft und Olivenöl mit Salz und Pfeffer verrühren. Über den Salat gießen, alles behutsam mithilfe einer Zange oder eines Salatbestecks vermengen und sofort servieren.

Fruchtige Desserts

Dunkles Obst mit Amaretto & Cashew-Limetten-Creme
Erdbeeren, Pistazien & Minze mit Rosensahne & Baiser
Zuckerrohrmelasse & Tahin mit Nüssen, Datteln, Bananen & Äpfeln
Süßer Kokosreis mit getrockneten Birnen, Aprikosen & Cashews
Rote Beeren mit Ricotta, Lemon Curd & Ingwerstreuseln
Gefüllte Datteln mit Feta & Minze
Labné
Gebackene Feigen & Aprikosen mit Müslifüllung, Zimt & Honigglasur

Dunkles Obst mit Amaretto & Cashew-Limetten-Creme

Für 4–6 Portionen

Im Sommer gibt es einen kurzen Zeitraum, in dem man sowohl Kirschen als auch Brombeeren und Pflaumen bekommt. Dunkle Früchte wie diese enthalten viele Antioxidantien und lassen auch farblich schön zusammen. Die verwendete Menge an Honig richtet sich danach, wie süß die Früchte sind. Vielleicht kann man den Honig auch weglassen. Zum Rösten eignen sich große saftige Brombeeren besser als die kleineren wild wachsenden Waldbrombeeren.

Für die Cashewcreme brauchen Sie einen leistungsstarken Mixer. Wir mögen den nussigen Geschmack und die Konsistenz dieser Creme, die von Veganern gerne als Ersatz für Sahne verwendet wird. Das Obst schmeckt aber auch gut mit Kokoscreme (S. 34) oder Zitronen-Crème-fraîche (S. 32).

Für die Cashew-Limetten-Creme:

200 g Cashewkerne, 2 Stunden in kaltem Wasser eingeweicht

Saft und Abrieb von 1 Bio-Limette, etwas Abrieb zum Garnieren beiseitelegen

1–2 EL milder Honig oder Ahornsirup (als vegane Alternative), je nach Geschmack

Für das Obst:

600 g gemischte Früchte, z. B. Pflaumen, Kirschen, Brombeeren, Schwarze Johannisbeeren und Heidelbeeren

1–2 EL milder Honig, Ahornsirup oder feiner Zucker (optional), je nach Geschmack

5 EL Amaretto, Grand Marnier oder ein anderer Likör oder Dessertwein

 bei Verwendung von Ahornsirup oder Zucker

Für die Cashew-Limetten-Creme die Kerne abtropfen lassen und mit den übrigen Zutaten und 100–200 ml Wasser in einem leistungsstarken Mixer zu einer glatten, feinen Creme verarbeiten. Bei Bedarf mehr Wasser zufügen. Mit Honig oder Ahornsirup abschmecken. Gut verschlossen hält sich die Cashewcreme bis zu 3 Tage im Kühlschrank.

Den Backofen auf 180 °C vorheizen. Ein Backblech mit Backpapier auslegen.

Die Pflaumen, falls verwendet, in kleine Spalten schneiden, damit sie dieselbe Garzeit wie die anderen Früchte haben. Kirschen halbieren und entsteinen. Honig, Ahornsirup oder Zucker, falls verwendet, mit den Früchten mischen und alles auf dem Blech verteilen. Das Obst 15–20 Minuten im Ofen rösten. Dann mit Amaretto oder Grand Marnier mischen und für weitere 5 Minuten in den Ofen geben. Herausnehmen und abkühlen lassen. Mit der Cashew-Limetten-Creme und mit etwas Limettenabrieb garniert servieren.

Erdbeeren, Pistazien & Minze mit Rosensahne & Baiser

Für 8–10 Portionen

Für die Baisers:
150 g Eiweiß (ca. 5 Stück)
300 g feiner Zucker

Für die Fruchtsoße:
250–300 g Erdbeeren, halbiert
2–3 EL feiner Zucker

Für die Rosensahne:
600 ml Sahne
60 g Puderzucker
4–5 EL Rosenwasser

Außerdem:
300 g Erdbeeren
1 Handvoll Minzblättchen
25 g geschälte Pistazien
1 Handvoll frische Bio-Rosenblütenblätter

Dieses köstliche Dessert schmeckt einfach jedem: fruchtige Erdbeeren auf mit Rosenwasser aromatisierter Sahne und Baiser. Es lässt sich leicht anrichten und mit essbaren Rosenblättern, Pistazien und Minze hübsch garnieren. Man kann es auch gut in Portionsgläsern servieren.

Wir verwenden für dieses Rezept walisisches Rosenwasser, das wir über das Internet beziehen. Die Qualität des in orientalischen Spezialitätenläden und Supermärkten angebotenen Rosenwassers lässt leider oft zu wünschen übrig.

Für die Herstellung von Baiser gibt es verschiedene Möglichkeiten. Unsere Art der Zubereitung ergibt besonders stabile Baisers

Für die Baisers Eiweiße und drei Viertel des Zuckers in einer Metallschüssel mischen. Die Schüssel auf ein heißes Wasserbad setzen, sodass der Boden das Wasser nicht berührt. Die Masse mit einem Handrührgerät aufschlagen, bis sie ca. 45 °C warm ist und beginnt, sehr dick und glänzend zu werden. Vom Herd nehmen und weiterschlagen, bis der Eischnee steif ist und das doppelte Volumen erreicht hat. Dabei den restlichen Zucker einrieseln lassen.

Den Backofen auf 110 °C vorheizen. Zwei Backbleche mit Backpapier auslegen.

Aus der Baisermasse ca. 50 kleine Kreise (4 cm ø und 2–3 cm hoch) auf die Bleche spritzen oder häufen. Die Baisers für 30–40 Minuten in den Ofen geben, bis sie außen knusprig und innen noch weich sind und sich leicht vom Backpapier lösen lassen. Durch und durch knusprig werden die Baisers, wenn sie noch 15 Minuten länger backen. Anschließend abkühlen lassen.

Für die Fruchtsoße die Erdbeeren mit dem Zucker 15 Minuten kochen. Durch ein Sieb streichen und abkühlen lassen.

Für die Rosensahne die Sahne mit dem Puderzucker steif schlagen und das Rosenwasser untermischen.

Baisers, Rosensahne und Erdbeeren auf einer Servierplatte oder in Portionsgläsern anrichten und mit Minzblättchen, Pistazien, Rosenblättern und Fruchtsoße garnieren.

Zuckerrohrmelasse & Tahin mit Nüssen, Datteln, Bananen & Äpfeln

Für 6 Portionen

Die Idee zu diesem außergewöhnlichen Rezept stammt vom ägyptischen Fotografen Yehia El Alaily. Er zeigte uns ein wunderschönes Foto eines mit Melasse verzierten Schälchens Tahin, das er einmal zum Kaffee serviert bekommen hatte. Wir experimentierten, indem wir Tahin und Melasse mit verschiedenen Früchten kombinierten, und diese Variante hier machte das Rennen. Man kann sie auch mit Sesamsamen bestreut auf Toast essen. Dukka ist eine ägyptische Mischung aus Nüssen, Samen und Gewürzen, die gewöhnlich mit Brot und Öl gegessen wird. Unsere Foodstylistin Susie dachte sich diese süße Version aus, die uns sehr gut schmeckte.

Für das süße Dukka:

50 g Nüsse, Kerne und Samen, z. B. Pistazien, Mandeln, Walnusskerne, Sesamsamen

½ TL schwarze Pfefferkörner

1–2 TL brauner Zucker (optional), je nach Geschmack

Für die Früchte:

6 Bananen, längs halbiert

2 rote Äpfel, in feinen Streifen

1 Birne, in feinen Streifen (optional)

Saft von ½ Zitrone

2 EL milder Honig

6 Medjool-Datteln, längs geviertelt

4 EL Tahin

3 EL Zuckerrohrmelasse

Den Backofen auf 180 °C vorheizen. Ein Backblech mit Backpapier auslegen.

Für das Dukka die Nüsse und Kerne auf dem Blech verteilen und in 8–10 Minuten im Ofen goldbraun rösten; nach 5 Minuten wenden und die Samen zugeben. Die Nussmischung anschließend auf einem Teller abkühlen lassen.

Die Pfefferkörner im Mörser grob mahlen. Nussmischung und Zucker zugeben und alles grob zerstoßen.

Für die Früchte Bananen, Äpfel und Birne, falls verwendet, auf einer Servierplatte anrichten und mit Zitronensaft und Honig beträufeln. Dann Datteln und Dukka über das Obst streuen. Tahin und Melasse in einer Schüssel verrühren und separat dazu reichen.

Süßer Kokosreis mit getrockneten Birnen, Aprikosen & Cashews

Für 4–6 Portionen

Diese sri-lankische Kombination aus süßem Kokosreis, säuerlichem Trockenobst und Honig wärmt an kalten Tagen von innen. Man kann hierfür getrocknete Aprikosen, Mangos, Birnen, Rosinen, Datteln, Kirschen oder Cranberrys verwenden. Der Kokosreis, der im Original Kiribath genannt wird, kann auch kalt und in Würfel geschnitten mit Mangopüree und frischen Früchten serviert werden. Und er schmeckt auch allein zu einer Tasse Kaffee. Dieses Rezept verdanken wir Manjula Samarasinghe, die den Nachtisch nach einem scharfen sri-lankischen Curry reicht.

125 g Basmati- oder roter Reis
6 getrocknete Aprikosen
4 getrocknete Birnenhälften
50 g Cashewkerne oder Pistazien
4 Medjool-Datteln
400 ml Kokosmilch
1 TL Vanilleextrakt
2 TL milder Honig oder Ahornsirup (als vegane Alternative) plus 2 EL zum Servieren

 bei Verwendung von Ahornsirup

Den Reis 30 Minuten in kaltem Wasser einweichen. Aprikosen, Birnen und Cashews oder Pistazien 20 Minuten in heißes Wasser legen.

Die Datteln in 5 mm große Stücke schneiden und in eine Schüssel geben.

Die Trockenfrüchte und die Nüsse abtropfen lassen. Die Früchte in 5 mm große Stücke schneiden und mit den Nüssen zu den Datteln geben.

Den Reis abtropfen lassen und in 200 ml Wasser nach Packungsanweisung knapp gar kochen. Dann nach und nach die Kokosmilch zugeben und den Reis weitere 5 Minuten köcheln lassen. Vanilleextrakt und Honig oder Ahornsirup untermischen.

Den Reis in Portionsgläser füllen. Die Trockenfrüchte-Nuss-Mischung auf dem Reis verteilen und mit etwas Honig oder Ahornsirup beträufelt sofort servieren.

Rote Beeren mit Ricotta, Lemon Curd & Ingwerstreuseln

Für 6 Portionen

Wenn Himbeeren und Rote Johannisbeeren Saison haben, ist dies ein ideales, leicht zuzubereitendes Sommerdessert. Uns gefällt der Kontrast zwischen dem säuerlichen Ricotta und dem süßen Lemon Curd. Wir backen unsere eigenen glutenfreien Ingwerkekse, aber Sie können auch Ihre gekauften Lieblingskekse darüberkrümeln.

150 ml Sahne
250 g Ricotta, abgetropft
100 g Lemon Curd
300 g Himbeeren
50 g Rote Johannisbeeren oder andere rote Beeren
2–3 Ingwerkekse zum Garnieren

 bei Verwendung von glutenfreien Ingwerkeksen

Die Sahne steif schlagen und den Ricotta unterziehen. Die Creme auf einem Servierteller verstreichen und den Lemon Curd mit einer Gabel spiralförmig einrühren. Die Beeren darauf anrichten und die Kekskrümel darüberstreuen. Dieses Dessert kann für ein paar Stunden kalt gestellt und deshalb auch gut im Voraus zubereitet werden.

Gefüllte Datteln mit Feta & Minze

Für 10 Portionen

Dieses Rezept ist nicht nur schnell zubereitet, es schmeckt auch einfach köstlich! Es stammt von unserem Freund Moustafa, der in Kairo sechs Restaurants besitzt und sich dafür engagiert, der ägyptischen Küche zu internationalem Ansehen zu verhelfen. Ich serviere die Datteln gerne als Dessert mit einer Tasse Kaffee, doch sie sind auch ein perfektes Frühstück, denn der enthaltene Fruchtzucker spendet reichlich Energie.

10 Medjool-Datteln
50 g Feta zerkrümelt
1 EL gehackte Minzblättchen

Die Datteln der Länge nach aufschlitzen, sodass beide Hälften verbunden bleiben, und die Kerne entfernen. Den Feta mit der gehackten Minze vermengen und die Datteln damit füllen. Die Dattelhälften zusammenklappen und gekühlt oder auf Zimmertemperatur erwärmt servieren.

Labné

Für ca. 200 g

Labné ist eigentlich kein Käse, sieht aber so ähnlich aus. Tatsächlich handelt es sich um abgetropften Joghurt, der wie Frischkäse schmeckt. Wenn er aus nicht pasteurisiertem Joghurt hergestellt wurde, ist er gesünder als gekaufter Frischkäse, denn dann sind die in ihm enthaltenen Probiotika noch aktiv. Man kann ihn wie Frischkäse pur verwenden oder mit Kräutern und Gewürzen mischen. Gut verschlossen hält er sich im Kühlschrank bis zu 5 Tage.

Für gesalzenen Labné:

450 g dickcremiger Naturjoghurt aus Schafs-, Ziegen- oder Kuhmilch
1 TL Salz

Für süßen Labné:

450 g dickcremiger Naturjoghurt aus Schafs-, Ziegen- oder Kuhmilch
2–4 EL milder Honig, je nach Geschmack
½ TL Zimt

Aus einem sauberen Geschirr- oder Leinentuch ein 75 cm großes Quadrat ausschneiden. Das Tuch zum Sterilisieren in ein Sieb legen und mit kochendem Wasser übergießen. Anschließend gut auswringen.

Den Joghurt in die Mitte des Tuchs geben. Die Seiten des Tuchs darüber zusammennehmen, zu einem festen Bündel drehen und mit Bindfaden fixieren. Den Joghurt im Tuch über einer Schüssel abtropfen lassen. Je länger er abtropft, desto trockener und fester wird der Labné. Für eine frischkäseähnliche Konsistenz lässt man ihn 1 Tag abtropfen, für cremig-weichen Labné genügen 4–5 Stunden. Die abgetropfte Flüssigkeit kann entsorgt werden, ist jedoch hochwertige Molke und eignet sich als Zutat für Sauerkraut, Kimchi oder Scones-Teig.

Den Labné aus dem Tuch in eine Schüssel füllen und entweder Salz oder Honig und Zimt untermischen.

Würzige Varianten:

Labné schmeckt mit gehacktem Schnittlauch, Petersilie, Zitronenabrieb, Knoblauch oder Chili. Etwas Olivenöl auf der Oberfläche sorgt nicht nur für ein tolles Aroma, sondern verhindert auch, dass der Labné austrocknet oder sich eine Kruste bildet.

Gebackene Feigen & Aprikosen mit Müslifüllung, Zimt & Honiglabné

Für 4–6 Portionen

Dies ist ein tolles Winterdessert. Wenn Sie den Labné nicht selbst herstellen und ihn auch nicht in orientalischen Lebensmittelläden finden, können Sie stattdessen griechischen Joghurt verwenden. Die Füllung ist so köstlich, dass man die Reste zu einem Crumble (S. 32) verarbeiten kann.

Für die Müslifüllung:

50 g Medjool-Datteln (ca. 3 Datteln, entsteint gewogen)
25 g Rosinen, über Nacht in Wasser eingeweicht, abgetropft
50 g getrocknete Äpfel, Aprikosen oder Birnen
2 TL Vanilleextrakt
1–2 TL Zimt
100 g Nüsse, z. B. Walnusskerne, Pinienkerne, Pekannüsse, Mandeln, über Nacht in Wasser eingeweicht, abgetropft
25 g Kürbiskerne, über Nacht in Wasser eingeweicht, abgetropft

Außerdem:

6 frische Aprikosen
6 kleine frische Feigen
süßes Labné zum Servieren (s. links)

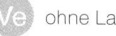 ohne Labné

Den Backofen auf 150 °C vorheizen. Ein Backblech mit Backpapier auslegen.

Für die Müslifüllung Datteln, Rosinen und Äpfel mit Vanilleextrakt, Zimt und Nüssen im Mixer zerkleinern, bis eine grobe Paste entsteht. Die Paste in eine Schüssel geben und mit den Kürbiskernen mischen.

Die Aprikosen halbieren und entsteinen. Die Feigen kreuzförmig einschneiden und auseinanderziehen. In jede Frucht eine walnussgroße Kugel Füllung geben. Die gefüllten Früchte auf das Blech legen und 15–20 Minuten im Ofen backen. Mit süßem Labné servieren.

Quellen

Guildhall Library: www.cityoflondon.gov.uk/things-to-do/guildhall-library/Pages/default.aspx

Charles Dowding hat großartige Bücher geschrieben und gibt außerdem Kurse zum Anbau von Salat und Gemüse: www.charlesdowding.co.uk

Alles über Nüsse, Gewürze, Samen und jede Menge mehr finden Sie hier: www.healthysupplies.co.uk

Von Paolo Arrigo von Seeds of Italy bekommen wir unser Saatgut: seedsofitaly@gmail.com

Tolle Lebensmittelgeschäfte mit gesunden Produkten und sachkundigem Personal finden Sie unter: www.revital.co.uk

Für japanische Spezialitäten, z. B. helle Misopaste, die vor allem in Westjapan gegessen wird, besuchen Sie das Japan Center in der Shaftesbury Avenue: www.japancentre.com/en/stores

Clearspring ist ein Londoner Unternehmen, das viele japanische, makrobiotische und biologisch angebaute Lebensmittel anbietet: www.clearspring.co.uk

Für die Beschaffung der außergewöhnlicheren Zutaten in diesem Buch eignet sich Sous Chef als brillanter Online-Versand: www.souschef.co.uk

Das allerbeste Walisische Rosenwasser, das auch als Spray erhältlich ist, bekommen Sie hier: www.petalsofthevalley.co.uk

Bei schwer aufzutreibenden Zutaten werden Sie normalerweise fündig unter: www.melburyandappleton.co.uk

Kochschulen und Lehrer

Zhada Saeed gibt wundervolle indische Kochkurse: www.authenticindianfood.com

Sara Mittersteiner betreibt ein veganes Catering namens Pomodoro E Basilico, das auch Supper Clubs ausrichtet und von Privatleuten gebucht werden kann. Hauptsächlich ist sie aber auf Streed Food Festivals unterwegs. Folgen Sie ihr auf Instagram unter: pomodoro_e_basilico

Jeremy Pang gibt asiatische Kochkurse: www.schoolofwok.co.uk

Atsuko hat sich auf die japanische Alltagsküche spezialisiert. Kochkurse finden Sie unter: www.atsukoskitchen.com/catering

Silvia Nacamulli ist eine großartige Köchin und unterrichtet in italienischer und jüdischer Küche: www.cookingforthesoul.com

Wendy Holloway – Sie gibt in Rom italienische Kochkurse: www.flavorofitaly.com

Carolina Català-Fortuny – Sie betreibt ein Catering und gibt Kurse für grandioses spanisches Essen: spooninhand@gmail.com

La Cucina Caldesi Ltd – Kommen Sie zu uns und lernen Sie die mediterrane, insbesondere die italienische Küche kennen, und nun auch alles über Salate! www.caldesi.com

Meine liebsten Internetblogs

Tieghan Gerard mit ihrem inspirierenden Blog: www.halfbakedharvest.com

Food52.com – eine wundervolle Seite voll mit neusten Rezepten und herrlichen Inspirationen.

Und ein weiterer toller Blog: www.thekitchn.com

Register

A
Aioli   21, 46, 79
Ajowan   112
Alte Getreidesorten mit Kernen & gerösteten roten Zwiebeln   157
Altenglischer Hühnersalat mit Orangen & Berberitzen   67
Amaranth   10, 13, 130, 189
Aminosäuren   49
Ananas-Cashew-Reissalat mit Hula Pork & gerösteter Paprika   74
Äpfel   8, 32, 34, 35, 77, 130, 153, 184, 187, 196, 202
Asiatischer Regenbogen-Krautsalat & Salatwraps mit koreanischem Rindfleisch   86
Atsukos Sobanudelsalat mit Sesamvinaigrette   149
Avocado & Orangen   182
Avocado & Rucola mit Balsamicodressing aus Erdbeeren, Basilikum & Cashews   48
Avocado-Joghurt-Dressing   130

B
Bacon   9, 29, 45, 125
Baiser   195
Balsamicodressing aus Erdbeeren, Basilikum & Cashews   48
Balsamico-Rosmarin-Vinaigrette   187
Bananen   32, 35, 196
Basilikumdressing   103
Beeren   8, 17, 35, 48, 49, 142, 157, 193, 195, 201
Bento-Box   17, 108
Berberitzen   67, 157
Birchermüsli & bunte Beeren   35
Birnen   38, 77, 196, 198, 202
Blumenkohl   48, 154
Blüten   9, 17, 67, 112, 133, 141
Bohnenmus   59
Bombay Mix   9, 180
Bratlinge   130
Brauner Reis   108, 185
Brunnenkresse-Dressing   98

Buchweizen 10, 13, 28, 149, 157
Bulgur 68
Burrata 42
Buttermilch 77, 179
Buttermilchdressing 179

C

Caesar Dressing 21
Caesar Salad mit kandierten
　Walnüssen 46
Carpaccio 133
Cashew-Limetten-Creme 193
Ceviche 57, 58
Ceviche vom Wolfsbarsch mit Süßkartoffel
　& Koriander 58
Chaat Masala 180
Cheddar 59, 125, 171, 187
Chia-Samen 35, 171
Chicorée, Piquillo-Paprika & Chorizo 62
Chili-Bohnen-Dressing 149
Chili-Limetten-Dressing 167
Chilisoße 55, 79, 149, 158
Chinesischer Gurkensalat 184
Chipotle-Mayonnaise 21
Chorizo 9, 29, 62
Chutney 8, 40, 48, 188
Coronation Chicken mit Litschis 72
Cranberrys 48, 137, 138, 198
Crème fraîche 20, 28, 32, 79, 98, 179
Croûtons 9, 17, 91, 134, 142, 189
Crumble 32, 202
Crunch 9

D

Dashi 149
Datteln 8, 32, 35, 68, 138, 196, 201, 202
Dattelvinaigrette 138
Dijonsenf 19, 20, 21, 28, 77, 85, 97, 148
Dinkel 10, 73, 92, 137
Dressings s. Salatdressings 18–21
Dukka 196
Dunkles Obst mit Amaretto & Cashew-
　Limetten-Creme 193

E

Eier 29, 107, 130, 153, 170
Eigelbpulver 112

Einfache Ceviche, Weintrauben &
　Sellerie 57
Einweichen 13
Englischer Senf 19, 21
Ente 82, 85
Entenconfit, knusprige Kartoffeln &
　Knoblauch 85
Erdbeeren, Pistazien & Minze mit
　Rosensahne & Baiser 195
Erdnussbutter 18, 40, 86, 138
Essig und Öl 13

F

Falafelsalat mit Hummus 146
Fatoush 161
Feigen 42, 157, 202
Feigen, Nektarinen, Burrata &
　Parmaschinken mit Honigdressing 42
Fenchelsalat 125
Feta 25, 28, 80, 88, 92, 120, 130, 143,
　189, 201
Fischsoße 19, 81, 174
Fischtacos mit Koriander-Krautsalat 116
Frisches Mangochutney 188
Fruchtiger Krautsalat mit knusprigem
　Südstaatenhähnchen & Chipotle-
　Creme 77
Frühkartoffeln mit Balsamico-Rosmarin-
　Vinaigrette 187
Frühlingssalat 141
Fünf-Gewürze-Pulver 82

G

Garam Masala 48, 112, 180
Gebackene Feigen & Aprikosen mit
　Müslifüllung, Zimt & Honiglabné 202
Gebratener Blumenkohl in Garam Masala
　mit Mango-Joghurt-Dip 48
Gefüllte Datteln mit Feta & Minze 201
Gegrillter japanischer Lachs 108
Gegrillter Mais & Avocado mit Chili-
　Limetten-Dressing 167
Gegrillter Tintenfisch & Kartoffeln mit
　grünen Semmelbröseln 52
Gemüse nach griechischer Art 154
Geriebene Möhren, Petersilie &
　Zitrone 148

Geröstete Brokkoliröschen mit
　Zitronendressing, Kapern &
　Kürbiskernen 148
Geröstete Rote Bete, Linsen, Walnüsse &
　Ziegenquark 120
Geröstetes Gemüse mit Kritharáki,
　Basilikum, Pinienkernen &
　Parmesan 128
Gerste 10, 13, 80, 92
Getreide 10
Glücksdip 59
Gorgonzola dolce 45
Granatapfel 82, 157, 164, 176
Granatapfelsirup 69, 161, 176
Graupen 73
Griechisches Dressing 154
Griechisches Zitronen-Hähnchen, Getreide
　& Feta mit Zaziki 92
Grüne Bohnen mit Mandel-Ingwer-
　Mus 138
Grüner Salat 189
Grüner-Smoothie-Salat 39
Grünkern 10, 80, 157, 185
Grünkohl 10, 17, 70, 137
Grünkohl, Butternusskürbis & Dinkel 137
Guacamole 182
Gurken-Paprika-Salat 100
Gurkenraita 185

H

Haferflocken 32, 35, 130
Hähnchen-Krautsalat 81
Hähnchen-Schawarma mit Salat, Koriander
　& Zitronen-Crème-fraîche 79
Halloumi & Fenchelsalat mit
　Orangenvinaigrette 125
Harissasoße 80
Honig-Senf-Dressing 19, 125, 187
Huhn 67, 72, 77, 79, 80, 81, 92, 112
Hummus 146

I

Indisch 155
Indischer Blumensalat mit Zahdas Tandoori-
　Lachs & Garnelen 112
Italienischer Meeresfrüchtesalat 50

J

Japanischer brauner Reis 108
Jeremys Seidentofu mit Schnittknoblauch & Chili-Bohnen-Dressing 149
Jicama 81, 184
Jicama-Salat 184
Joghurtdressing 180

K

Kapern 9, 52, 88, 91, 107, 148, 153
Kardamom 74, 164
Kichererbsen 13, 142, 146, 175, 180
Kichererbsensalat mit Tamarindensoße & Joghurtdressing 180
Kimchi 174
Klassische Vinaigrette 20
Knollensellerie, Radieschen & Manchego mit Trüffelöl 61
Kokoscreme 34
Kokos-Limetten-Dressing 158
Kokosmilch 34, 35, 158, 198
Kokosraspel 35, 74, 112
Kokosreis 198
Kopfsalat mit Gorgonzola dolce & warmer Bacon-Vinaigrette 45
Koreanische Sesam-Joghurt-Soße 18
Koreanischer Grapefruit- und Erdbeersalat 49
Koriander-Krautsalat 116
Krautsalat 77, 81, 86, 116
Krebsfleischsalat mit Sellerie & Kroketten 102
Kresse & geröstete Mandeln mit Buttermilchdressing 179
Kritharáki 128
Kroketten 102
Kürbis 125, 137

L

Labné 202
Lachs, Spargel & Erbsen mit Brunnenkresse-Dressing 98
Lamm 68
Leinsamen 13, 32, 35
Linsen 13, 70, 120
Litschis 34, 48, 72

M

Makrele 28, 116
Manchego 61, 187
Mandel-Ingwer-Mus 138
Mandelmilch 28, 35
Mandelmus 138
Mango-Joghurt-Dip 48
Marokkanische Auberginen-Tomaten-Pfanne 159
Maronen 187
Mayonnaise 21, 25, 46, 72, 77, 97, 153, 168
Meerrettich 56
Melone 25, 34, 133
Mexikanisch 115
Mexikanischer Rindfleischsalat 88
Milch 28, 35, 179
Mirin 8, 19, 149
Möhren mit Sesam & Chili 110
Mozzarella 38, 42
Müslifüllung 32, 202

N

Nährhefe 48
Naturreis 10, 80
Nektarinen 42
Noriblatt 108
Nüsse 13

O

Obst 34, 35, 82, 142, 193, 198
Obstsalat mit gebratener Ente & Fünf-Gewürze-Marinade 82
Obstsalat mit Ingwer, Kurkuma & Kokoscreme 34
Ofenkürbis, Brokkoli & Bacon mit Honig-Senf-Dressing 125
Öl s. Essig und Öl 13
Oliven 9, 62, 79, 97, 107
Orangenvinaigrette 125, 176
Orientalisch 127

P

Pancakes 28, 32
Papis & Ranjits Kraut & Möhren mit Erbsen 175
Parmaschinken 42
Parmigiano Reggiano 46
Patatas bravas 168
Pecorino 46, 61
Perlhuhn & Artischocken mit Harissa-Soße 80
Pfefferkörner 9, 48, 57, 154, 179, 184, 196
Pfirsiche 8, 32, 70
Pfirsiche & Linsen mit Schweinelende 70
Pico di Gallo 188
Pikanter nepalesischer Zwiebel-Kartoffel-Salat 172
Pitabrot 79, 146, 161
Pochierte Thai-Garnelen, Möhren & Koriander 54
Pomelo mit Kokos-Limetten-Dressing 158
Ponzu 19
Portobello-Pilze, Sellerie & schwarze Knoblauchcroûtons 134

Q

Queller 58, 103
Quinoa 13, 68, 73, 80, 92, 137, 142, 143, 157, 164, 185
Quinoa, Feta & Mais im Glas 143
Quinoa, Zucchini & Mais 185
Quinoa-Kabsa mit Kernen & Rosinen 164

R

Räucherfischsalat 25
Räucherlachs 28
Reikos eingelegte Gurken 110
Reismehl 49, 174
Reisnudeln 18, 55, 100, 143
Reisnudelsalat im Glas mit Garnelen 143
Resteverwertung 13
Ricotta 122, 133
Rind 86, 88, 91
Rosenkohl, Maronen & Radicchio 187
Rosensahne 195
Rosenwasser 32, 164, 195, 204
Rosinen 32, 67, 164, 175, 176, 202
Rote Beeren mit Ricotta, Lemon Curd & Ingwerstreuseln 201
Rote Bete 56, 120, 130, 153, 176
Rote Bete & Apfel 153
Rote Bete & Lachs-Tiradito 56

Rote Bete, Möhren, Mandeln & Dill   176
Rote-Bete-Bratlinge mit Sprossen &
    Avocado-Joghurt-Dressing   130
Roter Reis   157, 198
Rotweinvinaigrette   134

S
Safran   21, 32, 80, 164
Safran-Mayonnaise   21
Safranpfirsiche mit Bananen-Pancakes,
    Zitronen-Crème-fraîche & Minze   32
Salat im Glas   142
Salatdressings   18–21
Salsa aus Ananas & Ingwer   188
Salsa verde   91
Sämereien   10
Saure Sahne   17, 21, 59, 77, 116, 153
Scharfe Garnelen mit Gurken-Paprika-
    Salat   100
Scharfe grüne Bohnen mit Tomaten   162
Scharfe Tomatensalsa   171
Schawarma   79
Schinken & Sellerie mit
    Orangenmarmeladen-Ingwer-
    Dressing   73
Schneiden und hacken   14
Schwarzkohl mit Dattelvinaigrette &
    Sauerkirschen   138
Schwedischer Gurkensalat   30
Schwein   70, 73, 74
Senfpulver   77
Sesamvinaigrette   149
Smoothie   39
Sobanudeln   149
Soja-Ingwer-Dressing   18
Sojasoße   18, 19, 40, 49, 56, 74, 86, 108,
    110, 111, 117, 149, 184
Spargel   61, 98, 122, 170
Spargel & Frühkartoffeln mit
    Walnussvinaigrette   170
Spargel mit Tomatensoße & gebackenem
    Zitronenricotta   122
Spinat   29, 38, 70, 85, 91, 92, 137, 139
Spinat, Bacon, Avocados & Tomaten mit
    pochierten Eiern   29
Sprossen   10, 98, 130, 149, 179
Sriracha   74, 158

Steckrübe   81
Sumach   69, 146, 161, 162
Süßer Kokosreis mit getrockneten Birnen,
    Aprikosen & Cashews   198
Süßkartoffel   58, 137

T
Tabulé mit Lammschulter in Dattelkruste &
    Minz-Labné   68
Tagliata mit Salsa verde, gegrillten Zwiebeln
    & Tomaten   91
Tahin   18, 110, 146, 149, 184, 196
Tahin-Zitronen-Dressing   18
Tamari   18, 40, 74, 108, 110, 111, 117, 149,
    184
Tamarindensoße   40, 180
Tandoori-Lachs   112
Tapiokastärke   48
Teff   10
Thunfisch Niçoise mit grünen Bohnen,
    Kartoffeln & getrockneten Tomaten   107
Thunfischsalat Hawaii   117
Tigermilch   56, 58
Tiradito   56
Tofu   8, 55, 149
Tomatensalat mit süßsaurer
    Zwiebelvinaigrette   139
Tomatensoße   122
Tortillas   59, 116
Trüffelöl   61
Tulsi   54

V
Vanille   32, 34, 198, 202
Vichy-Möhren mit Ingwer   181
Vietnamesisch   105
Vietnamesische Frühlingsrollen   55
Vietnamesischer Dip Nuoc Cham   19
Vietnamesisches Gemüse mit zweierlei
    Dips   40

W
Wakame-Algen-Salat   111
Walnussvinaigrette   170
Wasabi   56, 117
Wassermelone & Feta mit Minz-
    Vinaigrette   25

Weintrauben   34, 57, 125
Weizen   10, 13, 28, 92
Wildreis, Kräuter & gegrillte Sardinen   97
Wolfsbarsch, Gurke & Queller mit
    Basilikumdressing   103

Y
Yuzu   8, 19

Z
Zaziki   92, 146
Ziegenquark   120
Zitronen-Crème-fraîche   32, 79
Zitronendressing   148
Zitronengras   54, 58, 82, 158
Zitronen-Mayonnaise   21
Zucchini-Carpaccio mit Melone &
    Ricotta   133
Zuckerrohrmelasse & Tahin mit Nüssen,
    Datteln, Bananen & Äpfeln   196
Zuckerschoten & Erbsen-Pancakes mit
    Pfeffermakrele   28
Zwiebelvinaigrette   139

Dank

Herzlicher Dank geht an:

Anne Head, deren verzweifelte Suche nach Salatrezepten uns zu diesem Buch inspirierte, und an die »Gewürzdamen« für die herrliche Zeit in Marokko – die Idee zu diesem Projekt wurde an jenem Wochenende geboren!

An unsere Literaturagentin Sheila Abelman, die den Plan in die Tat umsetzte.

An Kyle Cathie, dafür, dass sie an die Idee von Salaten aus aller Welt glaubte.

An Vicky Orchard und Amberley Lowis, die alles zusammenstellten.

An Helen Cathcart für die wunderschönen Fotos und ihre unermüdliche Energie.

An Susie Theodorou und Camilla Baynham, die unsere Rezepte durch ihr fantastisches Styling zum Leben erweckten, und an die unglaublich geduldige Nicole, die so viel abwaschen musste.

An Louise Leffler für ihre schöne Buchgestaltung.

An Linda Berlin für die perfekten Requisiten.

An Jamie Macdonald für die unvergessliche Woche in NY.

An all unsere wunderbaren Freunde, die uns beim Recherchieren, Ausprobieren, Essen und beim Entwickeln der Rezepte zur Seite standen. Die so geduldig gewesen sind und uns so viel Zeit geschenkt haben! Dafür danken wir Karin Piper, Amal Alquahtani, Linda Hutchings, Anne Hudson, Louise Ford, Carly und Robbo Roberts, Susie Jones, Karen Courtney, Sally Dorling, Joe Mosse, Reiko Hara, Margaret und Mike Boynton, Ranjit Cheema, Manjula Samarasinghe und Stefano Borella.

Herzlichen Dank auch an die Probeesser, die immer höflich blieben, auch wenn ihnen schon wieder ein neuer Salat vorgesetzt wurde: Sian und Steve, Ian und Carrie, Philip, Giorgio und Flavio.